歴史能力検定

2023年実施 第42回

全級問題集

歴史能力検定協会　編

河合出版

はじめに

世界人口は2023年４月現在で80億４千５百万人。国際連合統計によると2030年までに85億人、2050年に97億人と増え、2080年には104億人でピークを迎え、2100年まで続くと予測されています。

19世紀末に19億であった世界人口は今や80億と４倍強。この人口爆発は「宇宙船地球号」に負荷を与え、温暖化による気候変動、環境破壊、食糧・エネルギー危機をもたらしています。さらに2022年２月のロシアによるウクライナ侵攻や2023年10月のイスラエルのガザ侵攻など、文明や民族間の摩擦からくる紛争や緊張関係、難民問題が絶えず、世界中にさらなる混乱を起こしています。

日本は世界人口のわずか1.5％ながら世界第四位の経済大国。世界あっての日本という立場に変わりはありません。

日本は、世界の国々や地球のために今いかなる貢献をすべきでしょうか。

政治、経済、文化、社会あらゆる面で世界や地域との交流が深まり、ＩＴの進化とともに、人・モノ・財・情報が自由に行きかうグローバル時代。特に若い人たちは留学・研修・観光・仕事など世界と交わる機会がますます増加します。

自由貿易主義をとる日本は、たとえ他国で異なる動きがあったとしても、基本的に地球全体の利益を考え、世界をリードし、行動することが求められます。

その際、他の国や人々との交流の中で間違いなく必要とされるのが、「コミュニケーション能力」と「歴史の知識と認識」です。特に「歴史認識」は重要です。

世界の未来を拓くために、全地球的視野と共存共栄の利他精神を持ち、正しく深い歴史認識と相手国の文化や生活習慣への理解のもと、今世紀の半ばには歴史上最大の人口97億人となる地球の持続可能性を図らねばなりません。

1997年に始めた歴史能力検定は28年目。今までに約57万人を超える方々が受験されました。この「歴史能力検定」受験を機会に歴史を学び、歴史認識を深めた上で自らのアイデンティティを確立し、地球を舞台に活躍する人材が一人でも多く育つことを期待いたします。

明日の世界はあなたを待っています。

2024年3月
歴史能力検定協会
会長　黒水恒男

もくじ

刊行にあたって

本書は2023年第42回歴史能力検定の６階級全９種類の試験問題を１冊にまとめたものです。

2013年８月以降、歴史能力検定の過去問題を収録した書籍は発行されておりませんでした。この間、発行のご要望を多数いただいておりましたが、第35回2016年試験問題から、そのご要望におこたえできることになりました。今後、この過去問題集を通じて皆さまの学習のお手伝いを少しでもできればと考えております。

さて、歴史能力検定は５級から１級までレベルごとに筆記試験を実施し、合否を判定します。本書は階級別、科目別の問題集になっておらず、学習者の皆さまにとって必要としない級の問題もあろうかと思いますが、実際に受験する級のみならず、隣接する上下の級の問題にも目を向けて、今後の受験機会に向けた学習の目標設定に役立てていただければと思います。また、検定試験実施日には、級をまたいで最大４つの試験を受験することができますので、併願受験の対策・準備に用いていただければと考えております。

歴史能力検定協会

本書の構成と利用法

１．本書の構成

(1)　５級から１級までの順に、問題と解答・解説を収録してあります。

(2)　巻末には全９試験の解答用紙を付けてあります。

＊参考事項：実際の検定試験では、問題・解答用紙ともにA４判です（本書はA５判です）。

２．本書の利用法

(1)　繰り返し解く。

本書には各試験１回分の問題しか収録されておりませんが、受験対象級の問題には、繰り返し取り組むことをおすすめします。出題のされ方、問題の性質を理解し、頭に入れておくことは、受験準備の学習時に活きてきます。また、次項(2)に記した時間配分に活かされ、マーク式の解答練習になります。

⑵　時間配分を考える。

各級の試験時間は50分です。時間配分を考えて取り組んでください。もし時間配分がうまくいかず､全問に取り組めなかった場合でも最後までやりとげてください。その場合は、どのくらい時間がかかったかを計っておいてください。時間がかかっても正答率が高ければ取り組み方を改善すれば良いのです。

人によって時間がかかる要因は異なります。

「全体にわたって時間がかかる」「特定の出題形式問題に時間がかかる」「マークをする際、丁寧にしすぎる」など。もしかしたらこれらがすべて当てはまる人もいるかもしれません。しかし、自分はどこで、どのような時間がかかっているかさえ把握し、改善を心がければ、早く取り組めるようになるはずです。

一方、早くできても正答率が低ければ、残念な結果になってしまいます。大問ごとに正答率を確かめて、より時間をかけたほうが良い問題はないかを考えてください。

⑶　マーク、記述・論述に慣れる。

５級から３級までは選択式問題、２級は選択式問題と記述問題、１級は選択式問題・記述問題・論述問題となっています。

付属の解答用紙を用いて解答記入の練習をしながら、記入や筆記にかかる時間の把握をしてください。

また、記述・論述の際にはどのくらいの字の大きさで書けば解答欄に収まるのかも考えてください。一度問題を解いたあとで、解答を解答用紙に書き写して清書すると字の大きさの見当がつきます。さらに急いで書いたときに文字が乱れないようにする練習もしておきましょう。

⑷　上下の級の問題を見る。

「刊行にあたって」でも触れましたが、次に自分が受ける上の級の問題を受験することを考えている人は、年に１回の検定試験を終えたあとの準備に用いてください。

また、下の級の問題を見たり取り組んだりすることは復習や自分の得手・不得手な問題形式、時代・分野を確認するためにも大いに意味があります。

歴史能力検定について

歴史能力検定試験については歴史能力検定協会のホームページに詳しく案内がなされています。ここでは、概要を簡単に紹介するにとどめていますので、受験をお考えの方は、**必ずホームページ等で正確な情報や詳細をご確認ください。**

なお、受験申込や資料の請求などのお問い合わせは下記までお願いいたします。

歴史能力検定協会事務局

歴史能力検定　公式サイト　https://www.rekiken.gr.jp/

メールアドレス　rekiken@kentei-uketsuke.com

＊公式サイトでは、実施概要、受験申込、練習問題などのほかに、最新の情報が掲載されていますので、ぜひご覧ください。

1．検定の概要

(1) 検定試験実施時期と回数、受付期間（予定）

検 定 日：毎年1回、11月下旬。公開会場と準会場では実施日が異なります。

申込締切：10月初旬～中旬。団体申込は締切が1週間ほど早まります。

(2) 受験会場

全国30地区を予定しています。

(3) 試験の種類

5級から1級まであり、3級以上は「日本史」と「世界史」に分かれます。

4級の「歴史基本」は日本史と世界史の両科目から問題を作成しており、5級の「歴史入門」は日本史のみを扱います（次頁の表をご参照ください）。

(4) 受験資格

受験資格は特に設けていませんので、どなたでもお好きな級から受験できます。

(5) 受験のメリット

①ご自身の歴史知識のレベルを客観的に測ることができます。

②歴検合格を目標に歴史を体系的に学ぶことを通じて、世の中のさまざまな出来事の歴史的背景を把握し、今の時代を理解する力が養われます。

③日本史・世界史の2級または1級の合格者は、高等学校卒業程度認定試験の一部受験科目が免除されます。

④日本史2級または1級の合格者は、全国通訳案内士試験の一部受験科目が免除さ

れます。

⑤入試等での評価の対象になる大学・短期大学・高等学校があります。

2．検定級のレベル・内容

＊各級、試験時間50分、100点満点です。

めやす	試験名	出題形式	出題数
小学校	5級　歴史入門	3肢択一問題	40問
中学校	4級　歴史基本	4肢択一問題	50問
	準3級　日本史	4肢択一問題	50問
高校	3級　日本史	4肢択一問題	50問
	3級　世界史	4肢択一問題	50問
	2級　日本史	4肢択一問題、記述問題	50問
	2級　世界史	4肢択一問題、記述問題	50問
大学以上	1級　日本史	4肢択一問題、記述問題、論述問題	30問
	1級　世界史	4肢択一問題、記述問題、論述問題	30問

5級（歴史入門）　小学校修了程度の基本的な日本史の問題です。小学生や中学生が自分の歴史知識を試すのに最適です。出題形式はすべて3肢択一問題です。

4級（歴史基本）　中学生程度の知識があれば受験できます。日本史と世界史を一つにした歴史の常識問題が出題されます。出題形式はすべて4肢択一問題です。

準3級（日本史）　中学校で学ぶ程度の歴史知識を基本としながら、それにとらわれない範囲からも出題されます（※「歴史総合」の教科書からも一部出題)。出題形式はすべて4肢択一問題です。

3級（日本史／世界史）　高校で学ぶ基礎的な歴史知識を問います（※「歴史総合」の教科書からも一部出題)。社会人や高校生が自分の歴史知識を試すのに最適です。出題形式はすべて4肢択一問題です。

2級（日本史／世界史）　出題されるテーマは高校で学ぶ程度のものですが、比較的高度な歴史知識が要求されます。自信のある方むけの試験です。出題形式は

4肢択一問題のほか、記述問題も出題されます。

1級（日本史／世界史）　学校での学習にとらわれない広い範囲から出題されます。出題形式は4肢択一問題をはじめ、記述・論述問題などがあります。

合格者の勉強法

歴史能力検定1級合格者お二人の勉強法をご紹介します。お二人とも学習指導をしておられるとともに、自らも受験をし、何度も1級に合格しておられます。歴史能力検定受験の豊富な経験をもとにした勉強法を参考にしていただければ幸いです。

＊参考：歴史能力検定協会が授ける称号
歴史能力検定協会では1級試験の合格回数に応じて次の独自の称号を授けています。
1級に3回合格：修士、5回合格：博士、10回合格：大博士。

■受験の際の留意点と勉強法

岩井 竜（日本史大博士）

歴史能力検定受験に際し、以下の点に気をつけましょう。

(1)「歴史の流れ」をつかもう。

歴史を学習するうえで大切なことは「歴史の流れ」をつかむことです。「歴史の流れ」とは、「共通点、相違点、対比、因果関係、5W1H」といった事柄です。歴史を理解するにはこれらの視点が欠かせませんし、正誤問題や論述問題で主に問われるのもこれらです。ですから、教科書や参考書を読む際には、ただ何となく読むのではなく、「歴史の流れ」を意識するようにしましょう。

歴史が得意な人たちにとっては、歴史が暗記科目でないことは共通理解となっています。しかし、世間一般には、いまだに「歴史はただ覚えるだけの科目だ」という誤解がはびこっているように思います。一問一答式の学習も大事ですが、それのみにとどまらないことがもっと大事です。

(2)「アイドル」を見つけよう。

マンガ、小説、ドラマに映画。歴史に興味を持ち、学び始めるきっかけは何でもかまいません。これらの作品にふれていると、一人は好きな人物、言ってみれば、自分の「アイドル」が見つかります。好きな人に関することなら、ちょっとした情報でも気になるものです。特に覚えようとしなくても、情報が自然と頭に入ってくることでしょう。

歴史の中に好きな人物を見つけると、そこから広がって、その人物が生きた時代や影響を及ぼした時代に詳しくなっていきます。こうなれば、遅かれ早かれ、他の時代もものにできるはずです。

本来は、原始・古代から始めて近・現代へと進んでいくのが理想ですが、好きな人物、好きな時代から歴史の学習に入るというのも一つの方法です。そして、その学習の際に会得した方法が他の時代にも使えるようになるのです。

⑶ 好奇心を大切にしよう。

学習の際には、教科書のみならず用語集や図版、史料集も活用しましょう。気になるものがあったらそれらをこまめに参照して確認するのです。こうした手間を惜しまなければ、学習の過程で思わぬ発見や新たな知識に出合うことになるでしょう。

興味を覚えたことがあればインターネットで調べたり、新書や専門書にあたってみるのもよいことです。余裕があるなら、博物館や名所・旧跡に足を延ばしましょう。これらの知的な刺激はすべて実力伸長につながるはずです。

⑷ 過去問題に取り組もう。

この問題集を活用し、歴史能力検定の過去問題に取り組んでおきましょう。その際、単に正答・誤答を見るだけの学習に終わらないようにすることがポイントです。解説をじっくり読んで理解を深めるとともに、自分の誤りの理由を考察し、正しい方向に修正しておきましょう。試験日までに何度も復習することも忘れないでください。

また、３級受験者なら大学入学共通テスト（大学入試センター試験）、２級受験者なら大学入学共通テスト（大学入試センター試験）や私立大学の入試問題、１級受験者なら私立大学、国公立大学の入試問題に取り組んでみるのもよい練習になると思います。

⑸ 論述問題にチャレンジしよう。

１級受験者のみなさんはもちろんですが、そうでない方も、出題の有無にかかわらず、論述問題にチャレンジすることをおすすめします。そうすることで実力が一段と磨かれるからです。

最初は採点上のポイントが詳しく書かれている参考書や問題集を使って練習し、慣れてきたら採点上のポイントが何であるかを自分でつかめるようにしましょう。そこまで行けば怖いものはありません。

論述対策を効果的なものにするためには、どの教科書にも載っているような基礎事項をできるだけ早く身につけることと、論理に習熟することが大切です。これらの点に留意した学習を行い、ぜひ合格に十分な論述力を鍛えてください。

■歴史能力検定と歴史学習の目的

菱沼孝幸（日本史博士・世界史博士）

子どもの頃から歴史が好きで、学校のテストや大学入試の模擬試験などでは歴史科目だけはだれにも負けたくないと力を入れて勉強しました。ただその頃は歴史能力検定はありませんでした。それから四半世紀を経て初めて歴史能力検定を受けようと思った時は、楽に高得点で合格できると甘く考えていました。

ところが１級の問題に取り組んでみると、歯が立たない問題が多く、衝撃を受けました。しかし、それが闘志に火をつけました。一年後に受験することを決め、それから毎日必ず問題集を開いて勉強しました。ひと通り終わっても再度同じ問題に繰り返し取り組みました。繰り返すことで問題の形式に慣れ、それが特に誤りを見つける問題を解く時に役立ったと思います。問題の形式に慣れないと、せっかくの実力を十分に発揮することはできないでしょう。

また、１級の試験を受けるつもりでしたが、２級の問題も１級の問題と同じ比重で勉強しました。２級は１級の基礎であり、何事も基礎が大事であると思ったからです。１級の問題文ともなると、内容自体の奥が深く、読み物としても楽しめ、新たな知的関心も生み出すきっかけともなりました。もちろん問題集だけでなく、幅広く色々な本を読むことも大切です。

そして、できれば日本史と世界史を両方とも受験することが望ましいと思います。両方を学習することで、日本史も世界史も理解が深まることになるからです。

歴史能力検定では、「チャブ台の歴史」、「さつまいもの歴史」「病気の歴史」をテーマにした問題も出されています。どんなものにも歴史があり、歴史の学習は、すべての分野に通じています。歴史に照らして考えることで、歴史や物事に対する新たな視点を見出すこともできます。「教養」とは専門的知識や職業にとらわれず、広く学問や芸術を学び、内面を豊かにすることを意味します。歴史の学習の目的は、こうした「教養」を身に付けることにあると思います。

2022年度「歴検授賞式」 特別講演より

■わたしの歴史勉強法

木島基（日本史大博士・世界史大博士）

私が歴検を初めて知ったのは2004年のことです。もともと世界史が得意だったこともあり2006年から「世界史１級」を受け始め、2008年まで３回合格しました。日本史にはあまり興味はありませんでしたが、翌年に世界史修士の授賞式に参加させて頂いた際に、他の受賞者から「日本人なら日本史もちゃんと勉強すべき」と言われ、大いに反省しました。それまで日本史を系統的に勉強したことはありませんでしたが、一念発起して日本史の勉強も始め、2009年から「日本史１級」に13回連続で合格、「世界史１級」は2006年より16回連続で合格しております。

さて、私の行っている歴史の勉強法ですが、大きく２つに分けてお話したいと思います。１つ目は、「１級に合格するための勉強法」についてです。

私は毎年11月の試験に向けて８月末に勉強を始めます。使用する資料は、教科書として山川出版社の『詳説日本史研究』と『詳説世界史研究』。資料集として同じく山川出版社の『詳説日本史図録』、帝国書院の『最新世界史図説タペストリー』を、ほか地図帳として帝国書院の『地歴高等地図』を使用しています。上に挙げた教材を用いつつ大学入試用の問題集（日本史・世界史各２冊ずつ）を解き、最後に１級の過去問を解きます。私が１級合格のために行っている勉強は以上です。

次に２つ目の勉強法についてですが、これはある出来事がきっかけになりました。

私が受験を始めた当初は、「世界史１級」が思ったより簡単で物足りなく感じていたのですが、2008年の試験が血の気が引くぐらいの難問だったのです。その年は100点満点中、52点で合格にもかかわらず合格率8.2％という結果でした（私は53点で辛くも合格しました）。それ以来、「通り一遍の勉強では知識が頭打ちになってしまい、難問に対応できないのではないか」と思うようになり、更に深く歴史を勉強することにしました。それが２つ目の話、「歴史を深堀りするための勉強法」です。

まず世界史と日本史の全集を読むことから始めました。中央公論新社の『世界の歴史』全30巻、講談社学術文庫の『日本の歴史』全26巻を約１年かけて読み、これで自分の歴史に関してのバックボーンができました。

次に世界史を勉強する際に特に言えることですが、地域によっては教科書の記載が少ないことがあります。例えばウクライナやベトナム、ほかアフリカ・中南米・オーストラリアなどです。私はこのような地域の歴史を勉強するために新書を活用しています。新書では専門家が各分野に関して平易に解説しているので、興味のあるテーマを読んで知識を蓄積するようにしています。

ほか、ラルース（フランス人）*1の『世界史人物百科』*2も活用しています。当たり前のことですが、日本人が見るフランス人と、フランス人が見るフランス人はまったく違います。この本ではルイ14世、ナポレオン１世、ナポレオン３世、ド・ゴールなどフランス人に対する記述が充実しており、異なった視点から知識を深めることができます（逆に日本人に対しての記載は淡白な印象を受けます）。

＊1　ピエール・ラルース。フランスの百科事典編纂者。

＊2　『ラルース　図説世界史人物事典』シリーズ。全５巻。フランス語版はラルース（出版社）刊。日本語版は原書房刊。

さらに重要なポイントとして「歴史を勉強するのに『歴史の勉強だけ』はありえない」ということを申し上げておきます。まず地理を把握することが重要です。私の場合は、世界197ヶ国の場所・首都を覚えるようにしており、ほかアメリカ合衆国50州の場所・州都、中国の台湾を除く22省の場所・省都も頭に入れるようにしております。知識を整理するため、眠れない時など頭の中で世界一周をすることもあります。

歴史を勉強するのに地理も大切ですが、さらに私が普段気を付けているのは、もっと広く、哲学・宗教・絵画・建築に至るまで学ぶことです。建築や絵画について出題されることもありますし。そしてなにより、これらについて学ぶことは、人間の幅を広げることにつながります。

私は普段内科医として勤務しており、仕事柄年上の方を相手にすることが多くなります。その中で、「人生経験の豊富な年長者に対して、自分の考えを伝えて理解してもらうには、医学の専門知識だけでは不十分であり、教養を高め人間の幅を広げることも重要である」という信念を持つに至りました。そのため普段から『論語』『菜根譚』『孫子』『自省録』『学問のすゝめ』なども読み、学びに努めております。

歴検修士・博士・大博士を目指す方も自分なりの勉強方法を見つけてもらえればと思います。その際に本日の話がお役に立てば何よりです。

本日はありがとうございました。

2023年11月

歴史能力検定 第42回

5級—歴史入門

——受験上の注意点——

1．試験監督者の試験開始の指示があるまで、問題用紙は開かないでください。
2．試験開始前に、解答用紙に必要事項を記入し、誤りがないか確認してください。
3．問題文は13ページまでありますので、欠けているページがないか、最初に確認してください。
4．解答用紙の受験番号欄には、必ず受験番号（10桁）をマークしてください。
※受験番号が正しくマークされていない場合は採点されません。
5．問題文には、各冒頭部分に問番号（問１、問２……）がついていますが、これとは別に、文末部分に四角で囲った番号がそれぞれついています（1、2、3……）。この四角で囲った番号に対応する解答欄に、解答をマークしてください。
なお、問番号と、四角で囲った番号とは、必ずしも一致しませんので、ご注意ください。
6．各問題には、正解肢が必ず１つあります。正解肢のない問題も、２つ以上正解肢のある問題もありません。正解と考える肢１つを選択し、該当番号をマークしてください。
マークの仕方や消し方が悪いと採点されませんので、次の事項に十分注意してください。
イ．記入はHB以上の鉛筆またはシャープペンシルを使用し、はっきりとわかるようにすること（サインペン・万年筆・ボールペンは不可）
ロ．訂正は消しゴムで跡が残らないように完全に消すこと
ハ．所定の場所以外に文字等を記入しないこと
ニ．解答用紙を折り曲げたり汚したりしないこと
7．試験時間中は、出題問題についての質問は受け付けません。
8．試験時間は50分です。
9．試験時間中に、トイレを使用する等でやむをえず席を立つ場合には、試験監督者の許可を受けた上で、隣の人の迷惑にならないよう静かに移動してください。
10．試験時間中の喫煙・飲食等を禁止します。
11．試験終了の合図があり次第、筆記用具をおき、試験監督者の合図があるまでは席を立たないでください。なお、質問、トイレのための退席等、理由の如何を問わず、試験時間は延長しません。
12．不正行為をした場合、答案は無効となります。

——準会場（団体受験）で受験される方——

この問題冊子は試験終了後に回収します。試験当日の持ち帰りは禁止です。
再配布時期は団体責任者にご確認ください。

歴史能力検定協会

縄文(じょうもん)時代から古墳(こふん)時代の人々(ひとびと)の生活や、当時の様子についてまとめた表を見て、あとの問いに答えなさい。

写真	時期	説明
	(a)縄文時代	この時代の人々は、狩(か)りや漁をしたり、木の実などを採集したりして暮(く)らしていた。また、縄目の文様がつけられた土器を使って、食べ物を煮(に)たりたくわえたりしていた。住居には写真のような、(b)地面に穴(あな)をほって数本の柱を立て、屋根をふいてつくった家が使われた。
	弥生(やよい)時代	この時代には、(c)それまでの時代にくらべて安定して食料が得られるようになり、写真のような（　ア　）に保管された。むらの人口が増えたが、土地や水をめぐって他のむらとの争いが起こったり、身分の差が広がっていったりしたことが、当時の(d)遺跡(いせき)からわかる。
	古墳時代	この時代には、その地域(ちいき)を支配していた豪族(ごうぞく)の墓がしだいに各地に見られるようになった。(e)墓の形や規模(きぼ)はさまざまであり、墓の周りをかざっていた、写真の（　イ　）などの出土品から、(f)当時の暮(く)らしや社会の様子を知ることができる。

問１　下線部(a)について述べた文として正しいものを、次の①～③のうちから一つ選べ。　1

①　打製石器(だせいせっき)に加えて磨製石器(ませいせっき)が使われるようになった。
②　朝鮮半島(ちょうせんはんとう)から仏教が伝えられた。
③　クニとよばれる政治的なまとまりが分立していた。

問2　下線部(b)について、このような住居の名前として正しいものを、次の①～③のうちから一つ選べ。　**2**

①　貝塚(かいづか)　　②　物見(ものみ)やぐら　　③　竪穴住居(たてあなじゅうきょ)

問3　下線部(c)について、この時代に安定して食料が得られるようになった理由について述べた文として正しいものを、次の①～③のうちから一つ選べ。　**3**

①　天皇の政治のもと、食料を平等に分け合っていたから。
②　小型の石器が広まり、狩りがしやすくなったから。
③　稲作が伝わり、米づくりがさかんになったから。

問4　（　ア　）にあてはまる言葉として正しいものを、次の①～③のうちから一つ選べ。　**4**

①　正倉院(しょうそういん)　　②　高床倉庫(たかゆかそうこ)　　③　寝殿造(しんでんづくり)

問5　下線部(d)に関連して、縄文時代、弥生時代、古墳時代に関係する遺跡の組み合わせとして正しいものを、次の①～③のうちから一つ選べ。　**5**

①　弥生時代－吉野ヶ里(よしのがり)遺跡
②　縄文時代－登呂(とろ)遺跡
③　古墳時代－三内丸山(さんないまるやま)遺跡

問6　下線部(e)に関連して、次の写真は日本最大の前方後円墳(ぜんぽうこうえんふん)として知られる仁徳天皇陵(にんとくてんのうりょう)（大仙(だいせん)）古墳である。この古墳が位置している場所として正しいものを、地図中の①～③のうちから一つ選べ。　**6**

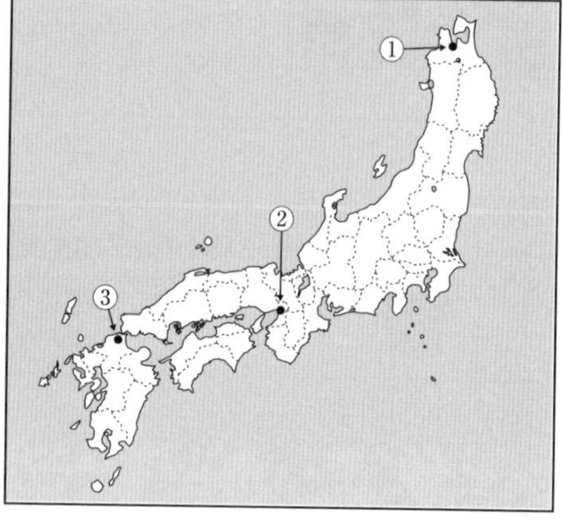

問7　（　イ　）にあてはまる言葉として正しいものを、次の①～③のうちから一つ選べ。 7

①　銅鐸　　②　はにわ　　③　土偶

問8　下線部(f)について述べた文として**誤っているもの**を、次の①～③のうちから一つ選べ。 8

①　大和政権が、九州地方から関東地方までの豪族を支配した。
②　奴国の王が後漢に使いを送り、金印を授かった。
③　漢字や儒教、土木技術などが、渡来人によって伝えられた。

飛鳥時代から平安時代に活躍した人物と、各人物に関連する説明文を見て、あとの問いに答えなさい。

【飛鳥時代】 聖徳太子［厩戸皇子］

・(a)当時の天皇に代わって政治を行った。
・（　ア　）
・十七条の憲法を定めて、豪族や役人の心構えを示した。

問1　下線部(a)について、この天皇の名前として正しいものを、次の①～③のうちから一つ選べ。 9

① 天智天皇　　② 桓武天皇　　③ 推古天皇

問2　（　ア　）にあてはまる文として正しいものを、次の①～③のうちから一つ選べ。 10

① 冠位十二階を定めて、個人の能力などに応じて位をあたえた。
② 30ほどの国を従え、魏に使いを送り、称号と金印をさずかった。
③ 有力な人物を守護や地頭に任命して、全国各地に配置した。

【奈良時代】 聖武天皇

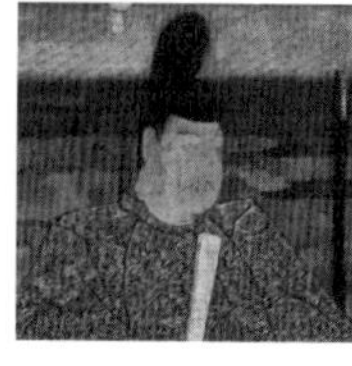

・仏教をあつく信仰し、(b)全国に国分寺と国分尼寺、都に東大寺を建立し、大仏をつくった。
・この天皇の愛用品や当時使われた道具などが（　イ　）に収められている。

問3　下線部(b)の理由について述べた文として正しいものを、次の①～③のうちから一つ選べ。 11

① 仏教勢力を支配し、天皇の権力を示すため。
② 仏教の力で国の災いや人々の不安をしずめ、国を守るため。
③ 天皇の位をゆずって上皇になるにあたって、仏教勢力と関係を深めるため。

問4　この時代に、6度目の航海でようやく唐から来日し、仏教を広めた人物の名前として正しいものを、次の①～③のうちから一つ選べ。　12

①　鑑真　　②　法然　　③　空海

問5　（　イ　）にあてはまる建築物の名前として正しいものを、次の①～③のうちから一つ選べ。　13

①　唐招提寺　　②　正倉院　　③　法隆寺

【平安時代】　藤原道長

・有力な貴族のなかで、特に勢力をのばした(c)<u>藤原氏の全盛期をきずいた</u>。
・(d)<u>摂関政治</u>によって政治の実権をにぎった。
・(e)<u>この時代の文化</u>は、藤原氏の全盛期に最も栄えた。

問6　下線部(c)に関連して、藤原氏の全盛期は藤原道長と、次の写真の寺院を建立した彼の子の時代にきずかれた。この人物の名前として正しいものを、あとの①～③のうちから一つ選べ。　14

平等院鳳凰堂

①　藤原頼通　　②　藤原鎌足　　③　藤原冬嗣

問7 下線部(d)について述べた文として正しいものを、次の①～③のうちから一つ選べ。 15

① 藤原氏は、自分の娘を天皇にすることで、政治(せいじ)の実権(じっけん)をにぎった。
② 藤原氏は、自らが天皇になることで、政治の実権をにぎった。
③ 藤原氏は、自分の娘(むすめ)を天皇のきさきにすることで、政治の実権をにぎった。

問8 下線部(e)について述べた文として**誤っているもの**を、次の①～③のうちから一つ選べ。 16

① 紫式部(むらさきしきぶ)の『源氏物語(げんじものがたり)』や清少納言(せいしょうなごん)の『枕草子(まくらのそうし)』などの文学作品が書かれた。
② 現代の和風建築のもととなった書院造(しょいんづくり)が生まれ、寺院に取り入れられた。
③ 大和絵(やまとえ)とよばれる日本風の絵画が、貴族の屋敷(やしき)に飾(かざ)られた。

鎌倉時代と室町時代に関する生徒同士の会話を読み、あとの問いに答えなさい。

たくみ：今度の歴史の授業で発表する(a)鎌倉時代と室町時代についてまとめようと思いますが、何か意見はありますか。

はるか：(b)武士とよばれる人々が力を増していったことにふれたほうがよいと思います。鎌倉時代以降は武士が活躍する時代になっていくので、室町時代の内容にもつながります。

つとむ：鎌倉幕府は鎌倉に、室町幕府は（　ア　）に開かれたという、各時代の政治の中心地についても、ふれておいたほうがよいと思います。

たくみ：では、その二つについては前半でふれることにしましょう。次に、各時代の具体的な内容についてですが、これはたくさんありますので、各時代のできごとや特徴をいくつかしぼってまとめようと思います。どんな内容を取り上げるとよいと思いますか。

つとむ：鎌倉時代は、(c)当時の中国の王朝とのできごとについて取り上げるのはどうでしょうか。このできごとは鎌倉幕府がほろぶきっかけにもなったので重要だと思います。

はるか：当時の執権だった（　イ　）が深く関わっていたことも付け足すとよいですね。

たくみ：室町時代はどうでしょう。

はるか：(d)室町時代は文化や産業に特長があると思います。3代将軍の足利義満が（　ア　）の北山に建てた金閣や、8代将軍の（　ウ　）が東山に建てた銀閣などは、多くの人が知っていると思います。一方で、当時の農業生産が高まっていったことは、あまりなじみがない人が多いと思うので、まとめて発表する内容としてよいと思います。

つとむ：文化だと、雪舟が日本的な（　エ　）を完成させたことや、人々のあいだに広まっていったものについて、もっと深くふれていってもよいと思います。

たくみ：文化はまとめやすいのでよいと思います。産業も内容としてはよいと思いますが、室町時代だけでなく鎌倉時代の産業についてもふれて比べるかたちにすると、聞いている人にもわかりやすくなると思うので、そのようにまとめてみましょう。

問1　下線部(a)に関連して、鎌倉時代の武士について述べた文として**誤っているもの**を、次の①～③のうちから一つ選べ。　17

① 堺や国友などで鉄砲が大量に生産され、戦いに使われた。
② 幕府を開いた源頼朝をふくめ、源氏の将軍は3代で途絶えた。
③ 幕府と御家人は、土地を仲立ちとしたご恩と奉公の関係で結ばれた。

問２　下線部(b)に関連して、武士のなかでも特に勢力をのばしたのが源氏と平氏（へいし）であったが、源氏が平氏を滅（ほろ）ぼした壇ノ浦（だんのうら）の戦いがおこった場所として正しいものを、地図中の①～③のうちから一つ選べ。　18

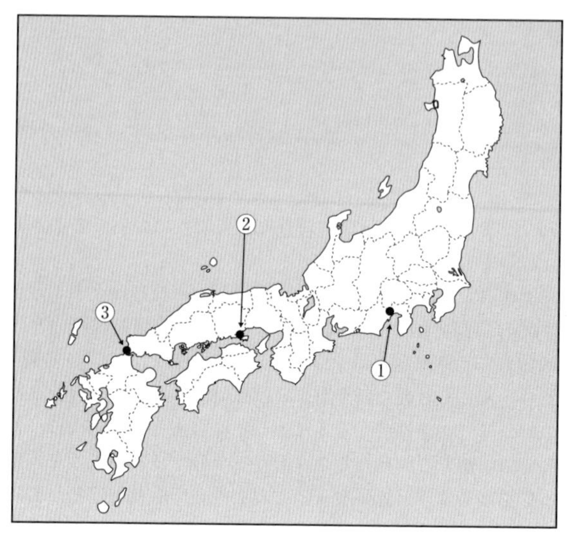

問３　（　ア　）にあてはまる場所として正しいものを、次の①～③のうちから一つ選べ。　19

①　大阪（おおさか）　②　京都（きょうと）　③　奈良（なら）

問4　下線部(c)について、次の図は13世紀半ばの東アジアを表したものである。地図中の（　X　）には、鎌倉時代に、二度にわたって日本に攻(せ)めてきた当時の中国の王朝名が入る。（　X　）に入る言葉として正しいものを、あとの①～③のうちから一つ選べ。 20

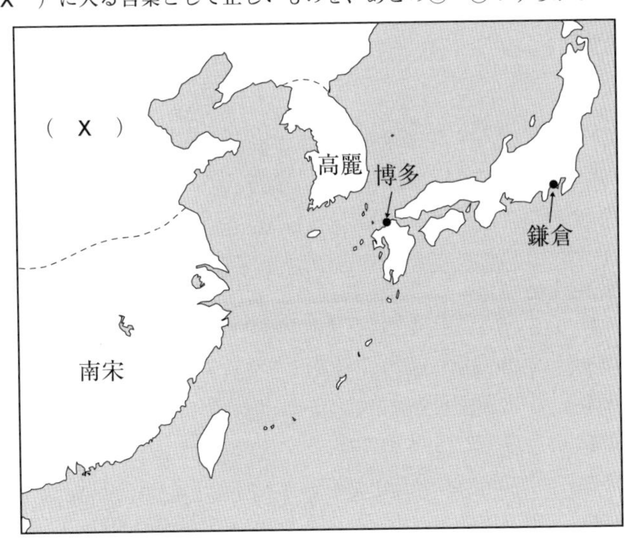

①　明(みん)　　②　清(しん)　　③　元(げん)

問5　（　イ　）にあてはまる人物の名前として正しいものを、次の①～③のうちから一つ選べ。 21

①　北条時宗(ほうじょうときむね)　　②　北条政子(まさこ)　　③　北条泰時(やすとき)

問6　下線部(d)について述べた文として**誤っているもの**を、次の①～③のうちから一つ選べ。 22

①　新田の開発がさかんに行われ、備中(びっちゅう)ぐわや千歯(せんば)こきなどの新しい農具が普及(ふきゅう)した。
②　和紙や絹織物(きぬおりもの)、刀剣(とうけん)などの特産品をつくる手工業が発展(はってん)した。
③　観阿弥(かんあみ)・世阿弥(ぜあみ)父子が、能(のう)を完成させた。

問7　（　ウ　）にあてはまる人物の名前として正しいものを、次の①～③のうちから一つ選べ。 23

①　足利義昭(よしあき)　　②　足利義政(よしまさ)　　③　足利尊氏(たかうじ)

問8　（　エ　）にあてはまる言葉として正しいものを、次の①～③のうちから一つ選べ。 24

①　水墨画(すいぼくが)　　②　茶(ちゃ)の湯(ゆ)　　③　生(い)け花(はな)

戦国時代から江戸時代にかけておこったできごとについてまとめた次の年表を見て、あとの問いに答えなさい。

年	できごと	
1573	(a)室町幕府がほろびる。	
1590	(b)豊臣秀吉が全国を統一する。	
1600	(c)関ヶ原の戦いがおこる。・・・・・・・・・・・	↑
1637	（　ア　）がおこる。	(e)
1641	(d)鎖国の体制が固まる。・・・・・・・・・・・	↓
1685	(f)徳川綱吉による生類憐れみの政策が始まる。	
1853	アメリカの使節（　イ　）が浦賀に来航する。	

問1　下線部(a)について、室町幕府は織田信長によってほろぼされた。織田信長がおこなったことについて述べた文として正しいものを、次の①～③のうちから一つ選べ。　25

① 刀狩令を出して、百姓から武器を取り上げた。
② 長篠の戦いで、武田軍を破った。
③ 大名が1年おきに江戸と領地を往復する制度を定めた。

問2　下線部(b)の人物ともっとも関係の深い写真とその説明文として正しいものを、次の①～③のうちから一つ選べ。　26

①

©東洋計量史資料館（東洋計器）

全国的に大きさが統一された、年貢米の量をはかる「ます」

②

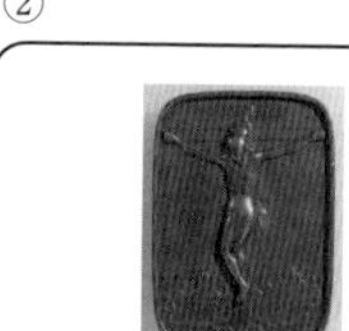

キリスト教の信者かどうかを調べるために使われた「ふみ絵」

③

宗教的な儀式などに使われたと考えられる青銅製の「銅鐸」

問3　下線部(c)の戦い前後に徳川氏に従った大名として正しいものを、次の①～③のうちから一つ選べ。 27

①　親藩大名　　②　譜代大名　　③　外様大名

問4　（　ア　）にあてはまる一揆の名前として正しいものを、次の①～③のうちから一つ選べ。 28

①　渋染一揆　　②　正長の土一揆　　③　島原・天草一揆

問5　下線部(d)のもとでも、いくつかの地域では、他の国や地域との交易がおこなわれていた。このころの交易について述べた文として**誤っているもの**を、次の①～③のうちから一つ選べ。 29

①　薩摩藩は、琉球王国と交易をおこなった。
②　対馬藩は、スペインとポルトガルと交易をおこなった。
③　松前藩は、アイヌの人たちと交易をおこなった。

問6　(e)の期間に活やくした江戸幕府の将軍として**誤っているもの**を、次の①～③のうちから一つ選べ。 30

①　徳川慶喜　　②　徳川家康　　③　徳川家光

問7　下線部(f)の人物の時代には、京都や大阪を中心に文化が栄えた。この文化について述べた文として正しいものを、次の①～③のうちから一つ選べ。 31

①　福沢諭吉が『学問のすゝめ』をあらわした。
②　井原西鶴の『日本永代蔵』など、浮世草子が人気を集めた。
③　与謝野晶子が『君死にたまふことなかれ』のうたをよんだ。

問8　（　イ　）にあてはまる人物の名前として正しいものを、次の①～③のうちから一つ選べ。 32

①　ザビエル　　②　シーボルト　　③　ペリー

次の【A】～【C】は、明治時代から昭和時代にかけておこった戦争とそれに関連するできごとについてまとめたものである。これを見て、あとの問いに答えなさい。

【A】

1904年、日本とロシアとのあいだに(a)日露戦争が起こった。しかし、両国とも戦争を続けることがむずかしくなったため、講和条約が結ばれて戦争は終わった。

日露戦争後は、(b)右の写真の工場などが造船や機械などの重工業を支えて産業が発展していった一方で、労働問題や公害問題なども起こった。

写真提供：日本製鉄(株)九州製鉄所

問1　下線部(a)よりあとに起きたできごとについて述べた文として**誤っているもの**を、次の①～③のうちから一つ選べ。　33

①　自由民権運動が始まった。

②　女性に参政権が与えられた。

③　南満州鉄道の線路が爆破された。

問2　下線部(b)の工場の名前として正しいものを、次の①～③のうちから一つ選べ。　34

①　富岡製糸場　　②　新町紡績所　　③　八幡製鉄所

【B】

1914年、ヨーロッパを中心に(c)第一次世界大戦が起こると、戦争中に日本の重化学工業が急速に成長し、輸出もふえたことで好景気をむかえ、右の写真のように女性の社会進出が進むなど、(d)人々の社会や暮らしが変化していった。

しかし物価が上がり続け、特に急激に値段が上がった（　ア　）の安売りを求める1918年の民衆の運動は、全国に広がった。

問3　下線部(c)のあとに設立された、国際連盟の事務次長をつとめた人物の名前として正しいものを、次の①～③のうちから一つ選べ。　35

①　田中正造　　②　新渡戸稲造　　③　北里柴三郎

問4　下線部(d)について、大正時代の人々の暮らしや社会について述べた文として正しいものを、次の①～③のうちから一つ選べ。　36

①　ガスや水道、電気を使う生活が広がった。
②　大きなききんによって、都市では打ちこわしが起こった。
③　テレビや洗濯機、冷蔵庫などの電化製品が普及した。

問5　（　ア　）にあてはまる言葉として正しいものを、次の①～③のうちから一つ選べ。　37

①　小麦　　②　野菜　　③　米

【C】

1941年、(e)アメリカやイギリスとのあいだで太平洋戦争が始まった。1945年には、アメリカ軍によって、右の写真の（　イ　）には8月6日に、長崎には8月9日に原子爆弾が投下された。

戦後はアメリカを中心とする連合国軍に占領されたが、その後独立を回復した。現在は、国際社会の一員として、(f)周辺の国々とも平和で友好的な関係を目指している。

問6　下線部(e)のあとにおこったできごとを、おこった年代順に正しく並べたものを、次の①～③のうちから一つ選べ。　38

①　ミッドウェー海戦がはじまる⇒沖縄で地上戦がはじまる⇒日本国憲法が公布される
②　沖縄で地上戦がはじまる⇒日本国憲法が公布される⇒ミッドウェー海戦がはじまる
③　日本国憲法が公布される⇒ミッドウェー海戦がはじまる⇒沖縄で地上戦がはじまる

問7　（　イ　）にあてはまる場所として正しいものを、次の①～③のうちから一つ選べ。　39

①　福岡　　②　広島　　③　大阪

問8　下線部(f)に関連して、戦後日本とソ連（現在のロシア）の国交は回復したが、領土問題は解決しなかった。現在日本がロシアに返還を求めている場所として正しいものを、次の①～③のうちから一つ選べ。　40

①　竹島　　②　尖閣諸島　　③　北方領土

歴史能力検定　第42回（2023年）
5級―歴史入門　解答・解説

1―①	2―③	3―③	4―②	5―①
6―②	7―②	8―②	9―③	10―①
11―②	12―①	13―②	14―①	15―③
16―②	17―①	18―③	19―②	20―③
21―①	22―①	23―②	24―①	25―②
26―①	27―③	28―③	29―②	30―①
31―②	32―③	33―①	34―③	35―②
36―①	37―③	38―①	39―②	40―③

1

1．磨製石器は縄文時代に使用され始めた。②は6世紀。③は弥生時代の内容。

2．②物見やぐらは、見張りをするためのやぐらである。①貝塚は、食べ物の残りかすなどが捨てられた場所である。

3．①は飛鳥時代、②は旧石器時代。

4．高床倉庫は稲を湿気やネズミなどから守る建物。①正倉院は奈良時代③寝殿造は平安時代以降の建築様式。

5．吉野ヶ里遺跡は、弥生時代の集落跡がみられる遺跡。②登呂遺跡は弥生時代、③三内丸山遺跡は縄文時代の遺跡。

6．仁徳天皇陵（大仙）古墳は大阪府堺市にある世界最大級の前方後円墳で2019年に世界文化遺産に登録された。

7．はにわは、古墳の周囲に並べられた素焼きの土器。①銅鐸は弥生時代、③土偶は縄文時代に使われたものである。

8．奴国の王が「漢委奴国王」と刻まれた金印を授かったのは弥生時代である。

2

9．聖徳太子はおばの推古天皇の摂政として政治を行い、①天智天皇は7世紀後半③桓武天皇は8世紀後半に即位。

10．冠位十二階では12種の位を設け、それらを冠の色で区別した。②は卑弥呼③源頼朝に関する内容である。

11．①は目的が違い③の上皇は院政期の位である。

12．②法然は平安末～鎌倉時代、③空海は平安初期の僧侶である。

13．正倉院には、ペルシャやインドなど西方の品々も収められている。①は鑑真、③は聖徳太子が建てた建築物。

14．平等院は藤原頼通の宇治の別荘を寺にしたもの。②藤原鎌足は藤原氏の祖、③藤原冬嗣は藤原北家の一人。

15．藤原氏は、代々自身の娘を天皇のきさきにし、その子を天皇に立てることで、皇室と関係を深めていった。

16．この時代の文化は国風文化とよばれる。②は室町文化についての内容。

3

17.　①鉄砲が日本に伝来したのは1543年の室町(戦国)時代である。

18.　壇ノ浦の戦いは1185年に現在の山口県下関市の海上で行われた。

19.　３代将軍の足利義満の邸宅（花の御所）が京都の室町にあり政治の中心地となったことから室町幕府とよばれる。

20.　①は14世紀、②は17世紀に成立。

21.　元寇のころの執権は北条時宗。②北条政子は源頼朝の妻③北条泰時は御成敗式目を定めた３代執権である。

22.　①は江戸時代の内容である。

23.　①足利義昭は室町幕府15代、③足利尊氏は初代将軍である。

24.　水墨画は墨の濃淡のみで表現される絵画で、墨絵ともよばれる。

4

25.　①は豊臣秀吉、③は徳川家光の政策。

26.　太閤検地ではものさしやますを統一し全国の土地を統一的な基準の石高で表した。②は江戸、③は弥生時代。

27.　①は徳川家の一族、②は古くから徳川家の家臣であった大名である。

28.　島原・天草一揆は天草四郎時貞を首領にキリシタンの農民が起こした一揆。①渋染一揆は江戸末期、②正長の土一揆は室町時代に起きた一揆。

29.　対馬藩は朝鮮と交易し将軍の代がわりに通信使が日本に派遣された。

30.　島原・天草一揆や鎖国の体制が整ったのは、３代将軍の徳川家光の時代。

31.　①福沢諭吉は幕末～明治、③与謝野晶子は、明治～昭和時代の人物である。

32.　①は1549年にキリスト教を伝えた宣教師で、②は長崎郊外に鳴滝塾を開いたドイツの医者である。

5

33.　自由民権運動は1870年～80年代にかけて起こった政治運動である。

34.　八幡製鉄所は現在の福岡県北九州市に建設された官営の製鉄所である。②・③はともに群馬県の官営模範工場。

35.　①田中正造は足尾銅山鉱毒事件で活躍した衆議院議員、③北里柴三郎は破傷風の治療法を発見した医学者である。

36.　②は江戸時代、③は昭和時代の内容。

37.　1918年に富山県の主婦たちが起こし、全国に広がった騒動を、米騒動という。

38.　ミッドウェー海戦は1942年、沖縄戦は1945年、日本国憲法発布は1946年。

39.　広島市の原爆ドームは、1996年に世界遺産に登録された。

40.　①の領有権は韓国②の領有権は中国と台湾が領有権を主張している。

【写真所蔵・提供】

提供：アフロ（１-表,問６）/提供：奈良国立博物館（２-問２）/出典：国立文化財機構所蔵品統合検索システム https://colbase.nich.go.jp/collection_items/tnm/C-722?locale=ja（４-問２②） https://colbase.nich.go.jp/collection_items/tnm/J-37433?locale=ja（４—問２③）/提供：広島平和記念資料館（５-C）

2023年11月

歴史能力検定 第42回

4級―歴史基本

――受験上の注意点――

1．試験監督者の試験開始の指示があるまで、問題用紙は開かないでください。
2．試験開始前に、解答用紙に必要事項を記入し、誤りがないか確認してください。
3．問題文は16ページまでありますので、落丁がないか、最初に確認してください。
4．解答用紙の受験番号欄には、必ず受験番号（10桁）をマークしてください。
　※受験番号が正しくマークされていない場合は採点されません。
5．問題文には、各冒頭部分に問番号（**問１**、**問２**……）がついていますが、これとは別に、文末部分に四角で囲った番号がそれぞれついています（[1]、[2]、[3]……）。この四角で囲った番号に対応する解答欄に、解答をマークしてください。
　なお、問番号と、四角で囲った番号とは、必ずしも一致しませんので、ご注意ください。
6．各問題には、正解肢が必ず１つあります。正解肢のない問題も、２つ以上正解肢のある問題もありません。正解と考える肢１つを選択し、該当番号をマークしてください。
　マークの仕方や消し方が悪いと採点されませんので、次の事項に十分注意してください。
　イ．記入はHB以上の鉛筆またはシャープペンシルを使用し、はっきりとわかるようにすること（サインペン・万年筆・ボールペンは不可）
　ロ．訂正は消しゴムで跡が残らないように完全に消すこと
　ハ．所定の場所以外に文字等を記入しないこと
　ニ．解答用紙を折り曲げたり汚したりしないこと
7．試験時間中は、出題問題についての質問は受け付けません。
8．試験時間は50分です。
9．試験時間中に、トイレを使用する等でやむをえず席を立つ場合には、試験監督者の許可を受けた上で、隣の人の迷惑にならないよう静かに移動してください。
10．試験時間中の喫煙・飲食等を禁止します。
11．試験終了の合図があり次第、筆記用具をおき、試験監督者の合図があるまでは席を立たないでください。なお、質問、トイレのための退席等、理由の如何を問わず、試験時間は延長しません。
12．不正行為をした場合、答案は無効となります。

――準会場（団体受験）で受験される方――
この問題冊子は試験終了後に回収します。試験当日の持ち帰りは禁止です。
再配布時期は団体責任者にご確認ください。

歴史能力検定協会

古代に関する次の【A】・【B】の文章を読み、あとの問いに答えなさい。

【A】　文明の発達

人類は今から約700万年～約600万年前に登場し、20万年ほど前に、われわれの直接の祖先にあたる(a)新人があらわれ、世界中に移動した。狩りや採集をおこなって生活し、(b)打製石器を使用していた旧石器時代は、１万年ほど前まで続くのである。人類は、その後、農耕や牧畜を発達させ、各地で文明がおこった。古代の文明では、(c)文明独自の文字も作られ、独自の文化を発展させていった。日本では、縄文土器を用いて、狩りや採集を行った、(d)縄文時代と呼ばれる時代が存在した。

問１　下線部(a)に関連して新人の種類の名前として正しいものを、次の①～④のうちから一つ選べ。　1

① ホモ・エレクトゥス
② サヘラントロプス
③ ホモ・サピエンス
④ アウストラロピテクス

問２　下線部(b)に関連して、狩りと採集について述べた文として正しいものを、次の①～④のうちから一つ選べ。　2

① 魚や貝、動物などは食料にしたが、木の実などは採取しなかった。
② 打製石器は、石を打ち欠いて作られ、表面はみがかれていない。
③ ナウマンゾウなどの大型の動物しか狩猟しなかった。
④ 土器は貯蔵用のみで、食べ物を煮ることなどには使用しなかった。

問３　下線部(c)に関連して、エジプト文明の象形文字の写真として正しいものを、次の①～④のうちから一つ選べ。　3

①

②

③

④

問４　下線部(d)に関連して、縄文時代の説明として**誤っているもの**を、次の①～④のうちから一つ選べ。　4

①　イノシシなどのすばやい小型動物が増えた。
②　竪穴住居と呼ばれる住まいで生活した。
③　男性をかたどったものが多い、土偶と呼ばれる人形が作られた。
④　海岸では貝を採り、カシやクリなどの木の実も採集した。

【B】　古代の政治

６世紀ごろになると、聖徳太子（厩戸皇子）が、摂政として天皇の政治を助け、大王（天皇）を中心とする政治の仕組みをつくろうとした。聖徳太子は、(e)さまざまな制度を作り、隋との関係を良好にするために、(f)多くの人を派遣した。

７世紀の半ばには、中大兄皇子と中臣鎌足らが、（　ア　）氏を倒して、政治の改革を進めていった。中大兄皇子は、百済の復興を助けるために大軍を送ったが、(g)唐と新羅の連合軍に敗れた。

８世紀には、聖武天皇と光明皇后が、仏教の力によって、社会の不安を除き、国家を守ろうと考え、地方の国ごとに国分寺と国分尼寺を建立した。また、聖武天皇は、自身が使用していた品などの宝物を、(h)正倉院に保管した。このころの、貴族を中心に栄えた国際色豊かな文化を、(i)天平文化と呼ぶ。

問５　下線部(e)に関連して、聖徳太子と関係のあるものとして**誤っているもの**を、次の①～④のうちから一つ選べ。　［5］

①　冠位十二階　　②　十七条の憲法　　③　法隆寺　　④　東大寺

問６　下線部(f)に関連して、聖徳太子が遣隋使として派遣した人物の名前として正しいものを、次の①～④のうちから一つ選べ。　［6］

①　鑑真　　②　小野妹子　　③　行基　　④　裴世清

問７　空欄（　ア　）にあてはまるものとして正しいものを、次の①～④のうちから一つ選べ。　［7］

①　物部　　②　大連　　③　蘇我　　④　大伴

問８　下線部(g)に関連して、中大兄皇子は唐や新羅の攻撃に備えて、兵士を九州の北部に設置した。この兵士の名称として正しいものを、次の①～④のうちから一つ選べ。　［8］

①　防人　　②　衛士　　③　雑徭　　④　六波羅探題

問９　下線部(h)に関連して、正倉院にみられる特徴的な建築方法として正しいものを、次の①～④のうちから一つ選べ。　［9］

①　書院造　　②　校倉造　　③　寝殿造　　④　数寄屋造

問10　下線部(i)に関連して、天平文化期の作品として**誤っているもの**を、次の①〜④のうちから一つ選べ。　10

①

②
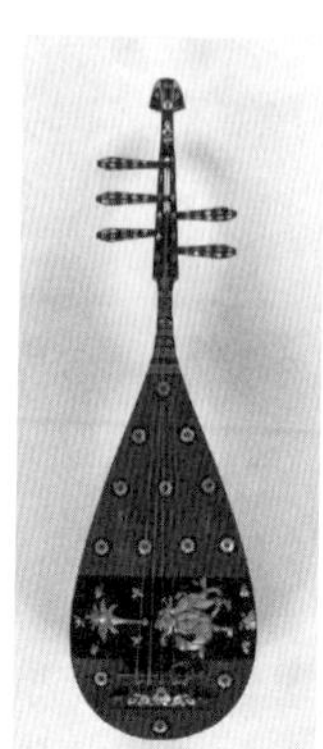

③

④

中世に関する次の【A】【B】【C】の文章を読み、あとの問いに答えなさい。

【A】　鎌倉時代には、農業技術が発達し、(a)農業生産が高まった。農業の発達と共に、手工業や商業も盛んになった。寺社の門前や陸上の交通の要所には、年貢や商品の輸送を行う、(　ア　)が現れ、定期市が開かれた。(b)銭は宋から輸入され、やがて年貢も銭で納められるようになった。また、民衆の支持を得た、(c)鎌倉仏教と呼ばれる新しい仏教も(d)この時代に登場した。

問１　下線部(a)に関連して、西日本を中心に行われた、同じ田畑で米を収穫して後に麦を栽培する栽培方法の名称として正しいものを、次の①～④のうちから一つ選べ。　11

①　三期作　　②　裏作　　③　二期作　　④　二毛作

問２　空欄（　ア　）にあてはまる語句として正しいものを、次の①～④のうちから一つ選べ。　12

①　馬借　　②　荘園領主　　③　土倉　　④　問丸

問３　下線部(b)に関連して、日宋貿易について述べた文として正しいものを、次の①～④のうちから一つ選べ。　13

①　貿易の際には、勘合とよばれる合札が用いられた。
②　宋と貿易をする際の港は、主に長崎であった。
③　日本は、主に絹織物や香料、薬品などを輸入した。
④　平清盛は、宋との貿易のために、広島の港を開いた。

問４　下線部(c)に関連して、念仏を唱えれば極楽浄土に生まれ変わると説いた、法然が開いた宗派の名前として正しいものを、次の①～④のうちから一つ選べ。　14

①　浄土真宗　　②　浄土宗　　③　時宗　　④　臨済宗

問5　下線部(d)に関連して、この時代になると、地頭と領主の間で土地の領有に関する問題が起こり、幕府が土地を折半して、両者の領有権を認めることで仲裁するようになった。この解決方法の名前として正しいものを、次の①～④のうちから一つ選べ。　15

①　下地中分　　②　分割相続　　③　訴状　　④　御成敗

【B】　室町幕府では、将軍の補佐役として（　イ　）が置かれ、細川氏などの有力な守護大名が任命された。足利義政のときに、(e)応仁の乱がおこり、全国に混乱が広がった。

問6　空欄（　イ　）にあてはまる語句として正しいものを、次の①～④のうちから一つ選べ。　16

①　執権　　②　守護代　　③　管領　　④　老中

問7　下線部(e)に関連して、この乱のあと各地で浄土真宗の信仰で結びついた人々が各地で一揆を起こすが、この一揆の名称として正しいものを、次の①～④のうちから一つ選べ。　17

①　百姓一揆　　②　山城国一揆　　③　土一揆　　④　一向一揆

【C】　室町時代には、貴族の文化と武士の文化が混じり合った、(f)室町文化が登場した。また、民衆が経済的に成長することによって(g)民衆にも文化が浸透した。

問8　下線部(f)に関連して、上の写真のような水墨画の大家であり、禅宗の僧でもあった人物の名前として正しいものを、次の①～④のうちから一つ選べ。　18

①　雪舟　　②　観阿弥　　③　狩野永徳　　④出雲阿国

問９　下線部(g)に関連して、能の合間に演じられる、民衆の生活や感情をよく表した演劇の名前として正しいものを、次の①～④のうちから一つ選べ。　19

①　御伽草子　　②　狂言　　③　歌舞伎踊り　　④　風流踊り

問10　以下に示す文章は、ある戦国大名の分国法の一部である。この分国法をつくった戦国大名として正しいものを、次の①～④のうちから一つ選べ。　20

一　（名前）の城郭のほかには、領国内に城を構えてはならない。領地のある者は一乗谷に引っ越し、村には代官をおくべきである。

①　今川義元　　②　島津貴久　　③　朝倉孝景　　④　武田信玄

近世において、日本と外国でおこったできごとについてまとめた次の年表を見て、あとの問いに答えなさい。

年	日本のできごと	外国のできごと
1642年		(a)ピューリタン革命がおこる。
1669年	(b)シャクシャインが戦いをおこす。	
1716年	(c)享保の改革がはじまる。	
1792年	ラクスマンが根室に来航する。	
1837年	陽明学者の（　ア　）が大阪で挙兵する。	
1840年		(d)アヘン戦争がおこる。
1853年	アメリカから、ペリーが4隻の軍艦をつれて（　イ　）にやってくる。	
1858年	大老・井伊直弼らが、(e)日米修好通商条約を結ぶ。	
1861年		アメリカで(f)南北戦争が起こる。
1866年	(g)薩長同盟が結ばれる。	

問1　下線部(a)に関連して、この革命で勝利し、議会が始めた政治の名前として正しいものを、次の①～④のうちから一つ選べ。　21

①　立憲君主政　　②　共和政　　③　絶対王政　　④　議会統治政

問2　下線部(b)に関連して、アイヌの人々との交易を独占していた藩の名前として正しいものを、次の①～④のうちから一つ選べ。　22

①　薩摩藩　　②　松前藩　　③　対馬藩　　④　加賀藩

問３　下線部(c)に関連して、この改革で実施された政策として**誤っているもの**を、次の①〜④のうちから一つ選べ。　23

① 商工業者の株仲間を増やして営業税を徴収した。
② 一時的に参勤交代を軽減する代わりに、米を献上させた。
③ 裁判の基準となる、公事方御定書を定めた。
④ 江戸に目安箱を設置して、民衆の意見を取り入れた。

問４　空欄（　ア　）にあてはまる人物の名前として正しいものを、次の①〜④のうちから一つ選べ。　24

① 高野長英　② 本居宣長　③ 杉田玄白　④ 大塩平八郎

問５　下線部(d)に関連して、以下の図は、19世紀前半における各国の貿易関係を示したものである。空欄（　A　）にあてはまる国名として正しいものを、次の①〜④のうちから一つ選べ。　25

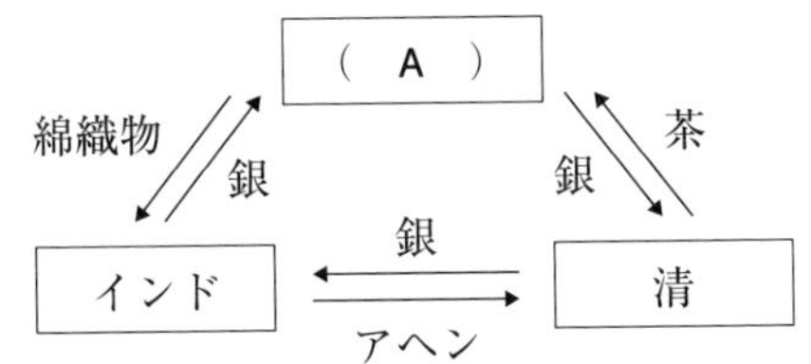

① アメリカ　② フランス　③ イギリス　④ 朝鮮

問６　空欄（　イ　）にあてはまる場所として正しいものを、次の①〜④のうちから一つ選べ。　26

① 長崎　② 浦賀　③ 函館　④ 下田

問７　下線部(e)に関連して、この条約で決まった内容として正しいものを、次の①〜④のうちから一つ選べ。　27

① 日本が開国し、下田（静岡県）と函館（北海道）の２港を開く。
② アメリカの領事が下田に駐在することを認める。
③ 日本と相手国はたがいに関税自主権を持つ。
④ 日本が、相手国の領事裁判権を認める。

問8　下線部(f)に関連して、下に示す文章を演説したアメリカ大統領の名前として正しいものを、次の①～④のうちから一つ選べ。　28

> それは、名誉ある戦死者たちが、最後の全力を尽くして身命をささげた偉大な大義に対して、彼らの後を受け継いで、われわれが一層の献身を決意することであり、これらの戦死者の死を決して無駄にしないために、この国に神の下で自由の新しい誕生を迎えさせるために、そして、人民の人民による人民のための政治を地上から決して絶滅させないために、われわれがここで固く決意することである。

①　リンカン　　②　ワシントン　　③　ローズベルト　　④　ウィルソン

問9　日本が開国した当時の状況を述べた文として正しいものを、次の①～④のうちから一つ選べ。　29

①　貿易相手国の中心は、イギリスであった。
②　外国から生活用品が入ってきたため、日本の生活用品は値下がりした。
③　日本の銀貨が外国に持ち出されたため、物価は不安定になった。
④　伊勢神宮に集団で参拝する、「ええじゃないか」が盛んになった。

問10　下線部(g)に関連して、薩長同盟に関わった人物の名前として**誤っているもの**を、次の①～④のうちから一つ選べ。　30

①　坂本龍馬　　②　西郷隆盛　　③　木戸孝允　　④　吉田松陰

次の明治時代・大正時代を生きた人物に関連する文章を読んで、あとの問いに答えなさい。

【A】　福沢諭吉

この人物は明治時代の思想家・教育家であり、（　ア　）と同様に、紙幣に載っていることでも有名。

教育家として、(a)自らの学校を創立した。

問1　空欄（　ア　）にあてはまる人物は、黄熱病などの研究で世界から注目された細菌学者である。この人物の名前として正しいものを、次の①～④のうちから一つ選べ。　31

①　志賀潔　　②　島崎藤村　　③　野口英世　　④　黒田清輝

問2　下線部(a)に関連して、この人物が作った私立学校の名称として正しいものを、次の①～④のうちから一つ選べ。　32

①　慶應義塾　　②　東京専門学校　　③　同志社英学校　　④　女子師範学校

【B】　川上音二郎

明治期に活躍した俳優で、(b)オッペケペー節を始めたことで有名。(c)演説の内容を基に作られている。

問3　下線部(b)に関連して、オッペケペー節では「自由湯（じゆうとう）をば飲ませたい」というフレーズがある。これは明治時代に結成された自由党を表しているが、自由党をつくった人物の名前として正しいものを、次の①～④のうちから一つ選べ。　33

①　大隈重信　　②　西郷隆盛　　③　伊藤博文　　④　板垣退助

問4　下線部(c)に関連して、当時行われていた演説は、ある運動に関連する内容のものが多かった。その運動の名前として正しいものを、次の①～④のうちから一つ選べ。　34

①　護憲運動　　②　自由民権運動　　③　五・四運動　　④　原水爆禁止運動

【C】 陸奥宗光

外務大臣を務めた人物で、(d)<u>領事裁判権</u>の撤廃と、(e)<u>関税自主権の一部回復</u>に成功した。

問5 下線部(d)に関連して、国内で領事裁判権の撤廃を求める声が高まるきっかけとなった、1886年におきた下の絵の事件として正しいものを、次の①～④のうちから、一つ選べ。 35

① ノルマントン号事件　② 生麦事件　③ 義和団事件　④ 辛亥革命

問6 下線部(e)に関連して、関税自主権の完全回復に成功した人物の名前として正しいものを、次の①～④のうちから一つ選べ。 36

① 寺島宗則　② 井上馨　③ 前島密　④ 小村寿太郎

【D】（　イ　）

この人物は、明治を代表する歌人であり、自身の弟が、(f)日露戦争に出兵した際に詠んだ歌が有名である。

問７　空欄（　イ　）にあてはまる人物の名前として正しいものを、次の①～④のうちから一つ選べ。　37

①　樋口一葉　②　金子みすゞ　③　与謝野晶子　④　津田梅子

問８　下線部(f)に関連して、この戦争の講和条約として正しいものを、次の①～④のうちから一つ選べ。　38

①　下関条約　②　ポーツマス条約　③　ベルサイユ条約　④　南京条約

【E】　小林多喜二

(g)大正期に活躍した小説家である。

(h)労働者や農民の立場で社会問題を描く文学を生み出した。

問９　下線部(g)に関連して、同時期に活躍した作家である芥川龍之介の作品として**誤っているもの**を、次の①～④のうちから一つ選べ。　39

①　蟹工船　②　蜘蛛の糸　③　羅生門　④　地獄変

問10　下線部(h)に関連して、この文学の名前として正しいものを、次の①～④のうちから一つ選べ。　40

①　白樺派　②　写実主義　③　ロマン派　④プロレタリア文学

次の文章は、昭和時代についての、先生と生徒の会話文である。この文章を読み、あとの問いに答えなさい。

生　徒：昭和時代の政党にはどのようなものがあったのですか？
先　生：昭和初期には、立憲民政党と(a)立憲政友会の二大政党が有力でした。
生　徒：この時代に(b)政党内閣が終わりを迎えたのですよね。
先　生：そうです。この時期は、軍部が発言力をいっそう強めていき、政治にその影響が表れるようになりました。（　ア　）法は、その例の一つです。また、ほとんどの政党が解散して(c)大政翼賛会にまとめられました。
生　徒：戦後になると、GHQの指導のもとで、(d)改革が進められていくのですよね？
先　生：その通りです。1951年に48カ国と(e)平和条約を結ぶまで、GHQの指導は続きました。
生　徒：この時期の政党には、どのようなものがあったのですか？
先　生：国内では、保守勢力と革新勢力が対立しました。1955年に、分裂していた社会党が統一されると、保守政党も合同して（　イ　）を結成しました。(f)1960年～1970年代は、国内でさまざまな出来事がありました。また、高度経済成長期には(g)公害の問題が発生しました。

問1　下線部(a)に関連して、この政党の総裁を務め、五・一五事件で海軍の青年将校らに襲われた人物の名前として正しいものを、次の①～④のうちから一つ選べ。　41

①　犬養毅　②　浜口雄幸　③　高橋是清　④　東条英機

問2　下線部(b)に関連して、初の本格的な政党内閣を組織した人物の名前として正しいものを、次の①～④のうちから一つ選べ。　42

①　尾崎行雄　②　西園寺公望　③　原敬　④　寺内正毅

問3　空欄（　ア　）には、議会の議決を経ずに、戦争遂行のために必要なものを動員できるようにする法律の名前が入る。この法律の名称として正しいものを、次の①～④のうちから一つ選べ。　43

①　国民精神総動員　②　国家総動員　③　新体制運動　④　勤労動員

問４　下線部(c)に関連して、この団体を組織した人物の名前として正しいものを、次の①～④のうちから一つ選べ。　44

①　若槻礼次郎　　②　近衛文麿　　③　東条英機　　④　斎藤実

問５　下線部(d)に関連して、戦後改革について述べた文として**誤っているもの**を、次の①～④のうちから一つ選べ。　45

①　労働組合法や労働基準法など、労働に関する法律が定められた。
②　教育勅語を廃止し、民主主義教育の基本を示す教育基本法が制定された。
③　日本の経済を支配し、軍国主義を支えたとして、財閥が解体させられた。
④　従来の憲法を改正した新たな憲法である、大日本帝国憲法を公布した。

問６　下線部(e)に関連して、この平和条約が結ばれた場所として正しいものを、次の①～④のうちから一つ選べ。　46

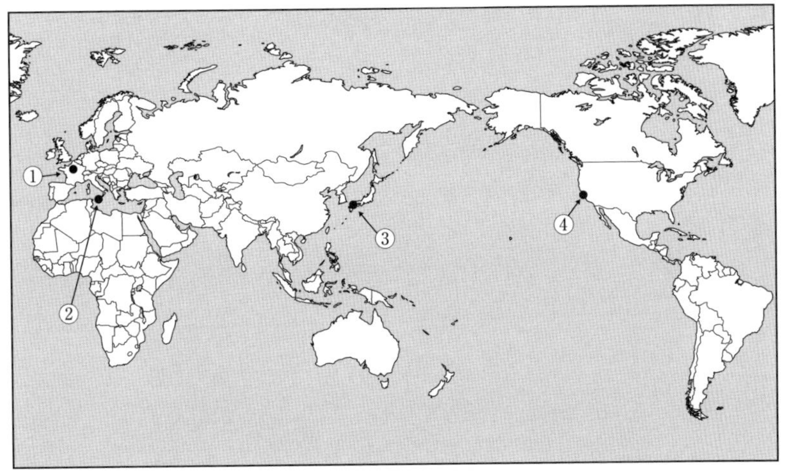

問７　空欄（　イ　）に入る政党は、55年体制と呼ばれる政治体制で、1990年代まで政権を担っていた。この政党の名称として正しいものを、次の①～④のうちから一つ選べ。　47

①　自由党　　②　日本民主党　　③　自由民主党　　④　日本共産党

問8　1960〜70年代の日本について述べた文として正しいものを、次の①〜④のうちから一つ選べ。　48

①　1965年に日韓基本条約を結び、同時に北朝鮮との国交も開いた。
②　1972年に田中角栄首相が中国を訪問し、日中共同声明に調印した。
③　吉田茂首相が、新しい日米安全保障条約を結んだ。
④　岸信介首相が、所得倍増計画を政策にかかげるなど、経済成長を促進した。

問9　下線部(g)に関連して、最も早く発生した公害として正しいものを、次の①〜④のうちから一つ選べ。　49

①　イタイイタイ病　　②　水俣病　　③　新潟水俣病　　④　四日市ぜんそく

問10　『伊豆の踊り子』『雪国』などの作品があり、日本人初のノーベル文学賞を受賞した作家の名前として正しいものを、次の①〜④のうちから一つ選べ。　50

①　松本清張　　②　大江健三郎　　③　司馬遼太郎　　④　川端康成

歴史能力検定 第42回（2023年）
4級―歴史基本 解答・解説

1―③	2―②	3―①	4―③	5―④
6―②	7―③	8―①	9―②	10―①
11―④	12―①	13―③	14―②	15―①
16―③	17―④	18―①	19―②	20―③
21―②	22―②	23―①	24―④	25―③
26―②	27―④	28―①	29―①	30―④
31―③	32―①	33―④	34―②	35―①
36―④	37―③	38―②	39―①	40―④
41―①	42―③	43―②	44―②	45―④
46―④	47―③	48―②	49―①	50―④

1

1．「ホモ・サピエンス」とは「賢い人」という意味。

2．①当時は木の実なども採取した。③イノシシなどの小型動物も狩猟した。④旧石器時代にはまだ土器の使用がみられない。

3．②は甲骨文字、③はインダス文字、④はくさび形文字である。

4．③土偶の多くは、女性をかたどったものが多い。

5．東大寺を建立したのは聖武天皇である。

6．①鑑真と③行基はともに奈良時代の僧、④裴世清は、隋の官人である。

7．①物部氏は蘇我氏にやぶれた豪族、②大連は大和政権における役職、④大伴は氏族のひとつ。

8．②衛士は京の警備をした兵士、③雑徭は労役のひとつ、④六波羅探題は鎌倉幕府が京都に置いた機関である。

9．①書院造は室町時代、③寝殿造は平安時代以降、④数寄屋造は安土桃山時代の建築様式。

10．①広隆寺弥勒菩薩半跏思惟像は飛鳥文化の作品。

2

11．③二期作は同じ場所で同じ農作物を２回栽培する方法である。

12．③土倉は室町時代の金利業者、④問丸はおもに船で物資を運ぶ水上運送業者。

13．①勘合貿易は室町時代、②④平清盛の大輪田泊（兵庫県）の整備前は博多や敦賀(つるが)などが拠点。

14．①は親鸞、③は一遍、④は栄西が開祖である。

15．下地中分とは、荘園領主と地主が土地を分け、互いの領有権を認めたことをいう。

16．①執権は鎌倉時代の役職、②守護代は鎌倉時代から置かれていた役職、④老中は江戸時代の役職。

17．浄土真宗は別名一向宗と呼ばれる。

18．②観阿弥は室町文化の能楽師、③狩野永徳は桃山文化の画家、④出雲阿国は安土桃山時代に歌舞伎を始めた人物である。

19．①御伽草子は短編の説話、④風流踊りは盆踊りなどのもとになった民俗芸能。

20．領地が一乗谷（現在の福井県福井市）であった朝倉孝景による分国法である。

3

21.　②共和政では、国民が選出した人物が代表となって国を治める形式をとる。

22.　①薩摩藩は琉球王国、③対馬藩は朝鮮と交易を独占した。④加賀藩は交易を独占していない。

23.　①は田沼意次の政治である。

24.　①と③は蘭学者、②は国学者である。

25.　イギリスは清との間の貿易赤字を背景にインド産アヘンを栽培し、中国で販売した。

26.　③下田と④函館は日米和親条約で、①長崎は日米修好通商条約で開港した。

27.　①日米和親条約の内容。②日米修好通商条約で下田は閉港となり③日本は関税自主権を失った。

28.　南北戦争期の大統領であるリンカンによるゲティスバーグ演説である。

29.　②③開港によって日本国内の物価は高騰した。④ええじゃないかは江戸時代末期。

30.　④吉田松陰は松下村塾を開いて、近代国家を担う人材の育成に貢献した。

4

31.　①は明治～昭和の細菌学者、②は明治～昭和の詩人・小説家、④は明治～大正の洋画家。

32.　②東京専門学校は大隈重信、③同志社英学校は新島襄（にいじまじょう）が設立した。④女子師範学校は明治時代に設立された、女子教員の養成学校。

33.　①大隈重信は立憲改進党、③伊藤博文は立憲政友会、④板垣退助は自由党を結党した。

34.　①は大正時代、③は第一次世界大戦後、④は第二次世界大戦後の出来事。

35.　②は 1862 年、③は 1899 年、④は 1911 年。

36.　①寺島宗則と②井上馨はともに明治時代の外務大臣、③前島密は郵便制度の創始者。

37.　①樋口一葉は明治の小説家、②金子みすゞは大正の詩人、④津田梅子は明治～大正の教育家。

38.　①下関条約は日清戦争③ベルサイユ条約は第一次世界大戦、④南京条約はアヘン戦争の講和条約。

39.　①「蟹工船」は小林多喜二が書いたプロレタリア文学の代表作。

40.　プロレタリアとは「労働者」の意味である。

5

41.　②濱口雄幸は 1930 年に襲撃、③高橋是清は 1936 年の二・二六事件で暗殺された。④東条英機は 1946 年の東京裁判で絞首刑となった。

42.　①尾崎幸雄は第一次護憲運動の頃に活躍した。②西園寺公望は 1906～08 年、1911 年～12 年に内閣総理大臣を務めた人物。④寺内正毅は原敬の前の首相で、1918 年の米騒動を受けて総辞職した。

43.　①は日中戦争を機に、国民を戦争体制に協力させるため行われた運動。③は 1940 年に始まった、
総力戦のために国を一丸とする運動。④は戦時体制下で政府が国民に強制的に労働を課したこと。

44.　大半の政党が解散し大政翼賛会に合流した。

45.　④大日本帝国憲法ではなく日本国憲法。

46.　④のアメリカ合衆国のサンフランシスコで吉田茂首相が調印した。

47.　③自由民主党は、野党と対立しながら、38 年間にわたって政権をとり続けた。

48.　①北朝鮮と日本には国交がない。③は吉田茂ではなく、岸信介。④は岸信介ではなく池田勇人。

49.　①は 1910 年頃、②と④は 1950 年代、③は 1960 年代に発生した。

50.　②大江健三郎は④川端康成に次いで 1994 年にノーベル文学賞を受賞した。①松本清張と③司馬遼太郎はノーベル文学賞の受賞歴はない。

2023年11月

歴史能力検定 第42回

準3級—日本史

——受験上の注意点——

1．試験監督者の試験開始の指示があるまで、問題用紙は開かないでください。
2．試験開始前に、解答用紙に必要事項を記入し、誤りがないか確認してください。
3．問題文は16ページまでありますので、落丁がないか、最初に確認してください。
4．解答用紙の受験番号欄には、必ず受験番号（10桁）をマークしてください。
※受験番号が正しくマークされていない場合は採点されません。
5．問題文には、各冒頭部分に問番号（**問１**、**問２**……）がついていますが、これとは別に、文末部分に四角で囲った番号がそれぞれついています（1、2、3……）。この四角で囲った番号に対応する解答欄に、解答をマークしてください。
なお、問番号と、四角で囲った番号とは、必ずしも一致しませんので、ご注意ください。
6．各問題には、正解肢が必ず１つあります。正解肢のない問題も、２つ以上正解肢のある問題もありません。正解と考える肢１つを選択し、該当番号をマークしてください。
マークの仕方や消し方が悪いと採点されませんので、次の事項に十分注意してください。
イ．記入はHB以上の鉛筆またはシャープペンシルを使用し、はっきりとわかるようにすること（サインペン・万年筆・ボールペンは不可）
ロ．訂正は消しゴムで跡が残らないように完全に消すこと
ハ．所定の場所以外に文字等を記入しないこと
ニ．解答用紙を折り曲げたり汚したりしないこと
7．試験時間中は、出題問題についての質問は受け付けません。
8．試験時間は50分です。
9．試験時間中に、トイレを使用する等でやむをえず席を立つ場合には、試験監督者の許可を受けた上で、隣の人の迷惑にならないよう静かに移動してください。
10．試験時間中の喫煙・飲食等を禁止します。
11．試験終了の合図があり次第、筆記用具をおき、試験監督者の合図があるまでは席を立たないでください。なお、質問、トイレのための退席等、理由の如何を問わず、試験時間は延長しません。
12．不正行為をした場合、答案は無効となります。

問題文の国名・人名・事件名などの表記は高等学校の教科書による。

——準会場（団体受験）で受験される方——
この問題冊子は試験終了後に回収します。試験当日の持ち帰りは禁止です。
再配布時期は団体責任者にご確認ください。

歴史能力検定協会

古代の代表的な寺院と寺院が建てられた時期の文化などをまとめた次の表を見て、あとの問いに答えなさい。

寺院	文化	説　　明
飛鳥寺	飛鳥文化	(a)蘇我馬子によって建てられた。この頃、すでに中国大陸では隋が統一を実現しており、(b)遣隋使も派遣されたが、飛鳥文化は隋が中国を統一する前の、(c)南北朝時代の文化の影響を強く受けている。
東大寺	(d)天平文化	天平文化は、８世紀の奈良時代の文化。(e)律令にもとづく国家体制が整備されるなか、(f)聖武天皇は、(g)都に東大寺を造営して、大仏をつくらせた。
平等院	国風文化	（　ア　）によって建てられた寺院。国風文化は(h)10～11世紀の文化。貴族は（　イ　）の住宅に居住するようになるなど、その生活・風俗に変化が見られた。

問１　下線部(a)に関連して、蘇我馬子が活躍した時期の天皇の名前として正しいものを、次の①～④のうちから一つ選べ。　1

①　継体天皇　　②　推古天皇　　③　元明天皇　　④　欽明天皇

問２　下線部(b)に関連して、遣隋使として派遣された人物の名前として正しいものを、次の①～④のうちから一つ選べ。　2

①　吉備真備　　②　小野妹子　　③　阿倍仲麻呂　　④　山上憶良

問３　下線部(c)に関連して、南北朝時代の中国に使者を派遣した倭の五王のうち、次の鉄剣や鉄刀に記された「大王」にあたる人物の名前として正しいものを、あとの①～④のうちから一つ選べ。　3

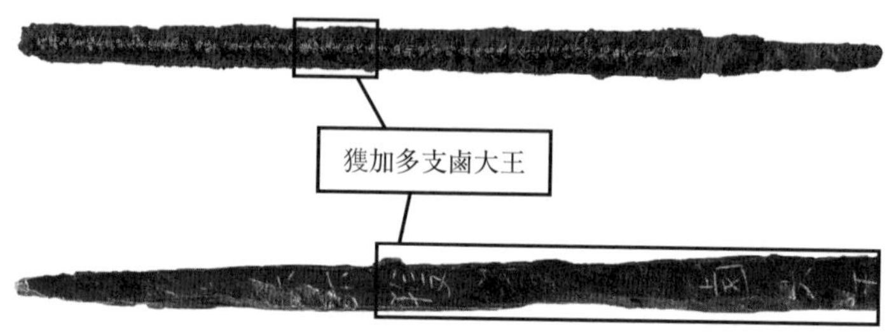

①　倭王武　　②　倭王讃　　③　倭王珍　　④　倭王興

問４　下線部(d)の天平文化について述べた文として正しいものを、次の①～④のうちから一つ選べ。　4

①　国ごとに、「風土記」がつくられた。
②　仏師の鞍作鳥が活躍した。
③　かな文字による文学作品がつくられた。
④　都では、浄土信仰が広まった。

問５　下線部(e)に関連して、律令制下の社会の仕組みや人びとの負担について述べた次の文章を読み、波線部①～④のうちから**誤っているもの**を一つ選べ。　5

律令制のもとでは、民衆は良民と①賤民にわけられた。民衆は６年ごとにつくられる戸籍に登録され、②６歳以上の男女には、良民であれば、男子には③２段、女子にはその３分の２の口分田が与えられた。一方で、民衆にはさまざまな負担が課された。例えば、一般の成人男子には、布や特産物をおさめる④租を負担させた。

問６　下線部(f)に関連して、聖武天皇の皇后となった人物の名前として正しいものを、次の①～④のうちから一つ選べ。　6

①　額田王　　②　光明子　　③　藤原薬子　　④　清少納言

問７　下線部(g)の東大寺のある都の場所として正しいものを、次の地図中の①～④のうちから一つ選べ。 7

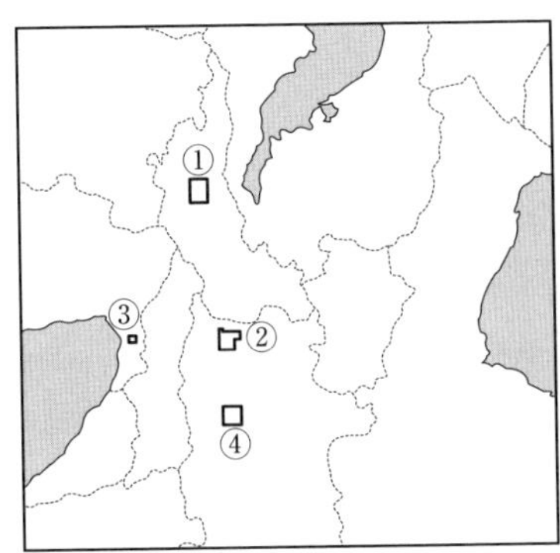

問８　空欄（　ア　）にあてはまる人物の名前として正しいものを、次の①～④のうちから一つ選べ。 8

①　最澄　　②　空海　　③　藤原頼通　　④　藤原清衡

問９　下線部(h)に関連して、10～11世紀の東アジア情勢や対外関係について述べた文として**誤っているもの**を、次の①～④のうちから一つ選べ。 9

①　中国では、唐が滅び、小国にわかれた後、宋が中国を統一した。
②　朝鮮半島では、高麗がおこり、新羅を滅ぼした。
③　大宰府にやってくる中国の商船から、絹織物などがもたらされた。
④　中国の東北部に建国された渤海から、使者が派遣されるようになった。

問10　空欄（　イ　）にあてはまる語句として正しいものを、次の①～④のうちから一つ選べ。 10

①　数寄屋造　　②　権現造　　③　書院造　　④　寝殿造

建武式目と分国法に関する次の【A】・【B】の文章を読み、あとの問いに答えなさい。

【A】 1333年、(a)鎌倉幕府が滅亡した後、（　ア　）は建武の新政と呼ばれる政治を推進した。しかし、(b)足利尊氏はこれに反発し、（　ア　）とは異なる皇統の天皇を立てて、幕府を開く目的のもとに建武式目を発表した。

建武式目は当面の政治方針を明らかにしたもので、(c)室町幕府も、鎌倉幕府３代執権（　イ　）が（　ウ　）年間に定めた(d)御成敗式目を基本法典とした。

建武式目は、「(e)鎌倉を元のように幕府の所在地とするか、あるいは他所にすべきか」といった幕府の所在地についての検討と、当面の施策17カ条で構成されていた。

問１　下線部(a)に関連して、鎌倉幕府が滅亡するまでの出来事について述べた次のⅠ～Ⅲの文を読み、年代が古い順に正しく配列したものを、あとの①～④のうちから一つ選べ。 11

Ⅰ　２度にわたって元軍が九州北部を襲撃した。
Ⅱ　河内の豪族楠木正成が幕府軍と交戦した。
Ⅲ　北条貞時によって永仁の徳政令が出された。

①　Ⅰ→Ⅱ→Ⅲ　②　Ⅲ→Ⅱ→Ⅰ　③　Ⅱ→Ⅰ→Ⅲ　④　Ⅰ→Ⅲ→Ⅱ

問２　空欄（　ア　）・（　ウ　）にあてはまる語句の組み合わせとして正しいものを、次の①～④のうちから一つ選べ。 12

①　ア―後三条天皇　ウ―貞永　②　ア―後三条天皇　ウ―文永
③　ア―後醍醐天皇　ウ―貞永　④　ア―後醍醐天皇　ウ―文永

問３　下線部(b)に関連して、足利尊氏が帰依した臨済宗の僧の名前として正しいものを、次の①～④のうちから一つ選べ。 13

①　義堂周信　②　絶海中津　③　夢窓疎石　④　蘭溪道隆

問４　下線部(c)について述べた文として正しいものを、次の①～④のうちから一つ選べ。
14

① 京都の治安維持を目的として、六波羅探題を設けた。
② 将軍を補佐する役職として、旗本を設けた。
③ 土倉や酒屋から徴収した税や関所で徴収した税で、財源を補った。
④ 兵農分離を徹底するために、刀狩令を出した。

問５　空欄（　イ　）にあてはまる人物の名前として正しいものを、次の①～④のうちから一つ選べ。
15

① 北条時政　② 北条高時　③ 北条泰時　④ 北条時頼

問６　下線部(d)に関連して、次の条文（現代語訳）は御成敗式目の一部である。この条文中の空欄（　エ　）にあてはまる語句として正しいものを、あとの①～④のうちから一つ選べ。
16

諸国の（　エ　）の職務は、頼朝公の時代に定められたように、京都の御所の警備と、謀反や殺人などの犯罪人の取りしまりに限る。

① 国司　② 地頭　③ 国造　④ 守護

問７　下線部(e)に関連して、鎌倉の都市計画の中核となったとされる神社の名称として正しいものを、次の①～④のうちから一つ選べ。
17

① 石清水八幡宮　② 鶴岡八幡宮　③ 宗像大社　④ 住吉大社

【B】 15世紀後半には(f)下剋上の風潮が強まり、国を統一して支配する戦国大名が各地に登場した。

(g)戦国大名のなかには、家臣団統制や領国支配のために分国法を制定する者もあった。分国法の具体例として、家臣団を一乗谷に集住させる条項などで知られる(h)朝倉氏の『朝倉孝景条々』や、私婚の禁止などの規定で知られる今川氏の『今川仮名目録』などがあげられる。

問8 下線部(f)に関連して、1485年に山城国で発生した、守護大名を追いはらい、自治の開始につながった一揆は、どのような一揆であったか。その名称として正しいものを、次の①～④のうちから一つ選べ。 18

① 国一揆　② 一向一揆　③ 惣百姓一揆　④ 世直し一揆

問9 下線部(g)に関連して述べた文として正しいものを、次の①～④のうちから一つ選べ。 19

① 商場知行制にもとづく家臣団統制をおこなう戦国大名もいた。
② 寛永通宝と呼ばれる銭貨を鋳造・発行する戦国大名もいた。
③ 服忌令や、生類憐みの令を出す戦国大名もいた。
④ 楽市令を出したり、座を廃止したりする戦国大名もいた。

問10 下線部(h)に関連して、朝倉氏の拠点として正しいものを、次の①～④のうちから一つ選べ。 20

① 越前　② 甲斐　③ 尾張　④ 豊後

参勤交代に関する先生と生徒の会話を読み、あとの問いに答えなさい。

生徒：参勤交代は、江戸時代よりも前から見られたのでしょうか。
先生：原形は鎌倉時代から存在するけれど、(a)豊臣秀吉の時代だと見るとらえ方が有力だね。
生徒：秀吉の時代の場合、服属した大名はどこに赴いたのでしょうか。
先生：京都の（　ア　）や大阪城だね。周辺では大名に邸宅地が与えられていたよ。
生徒：江戸幕府の(b)３代将軍徳川家光の時代の武家諸法度で制度化されたのですよね。
先生：そうだね。徳川家康の時代には、すでに大名が江戸に出頭する動きは見られていたよ。
生徒：具体的に、どのような大名の事例がありますか。
先生：（　イ　）は複数回参勤していて、1610年には琉球国王の使者を同行させているよ。
生徒：参勤交代にはどのような意味があったのでしょうか。
先生：服属儀礼や軍役としての意味をもっていたといわれているね。
生徒：(c)大名の経済力を弱体化させようとしたものではないのでしたよね。
先生：大名には大きな負担となったから、結果的に大名の経済力は弱体化してしまったよ。
生徒：(d)８代将軍徳川吉宗の時代の上げ米の際、江戸に住む期間が短縮されたのでしたね。
先生：「御恥辱を顧みられず仰せ出され候」という文言が示すように、上げ米は異例の措置だったみたいだよ。
生徒：服属儀礼であるならば、将軍・大名の主従制をゆるがすことになりますものね。
先生：そうだね。『（　ウ　）』の著者荻生徂徠のように、参勤交代の弊害を説く者もいたよ。
生徒：弊害もあったと思いますが、(e)交通の発達に与えた影響は大きいですよね。
先生：大名は江戸での消費生活を強いられたから、経済面での影響も指摘できるね。
生徒：大名が(f)産業の発展をうながしたのは、経費の必要性からともいえそうですね。
先生：日本全国の大名が江戸に集まるわけだから、あらゆる分野に影響を与えただろうね。
生徒：(g)江戸の文化が各地にもたらされるといった影響も指摘できそうですね。

問１　下線部(a)に関連して、豊臣（羽柴）秀吉の時代の政策や出来事について述べた次のⅠ～Ⅲの文を読み、年代が古い順に正しく配列したものを、あとの①～④のうちから一つ選べ。 21

Ⅰ　朝鮮侵略を断行した。
Ⅱ　関東の北条氏を滅ぼした。
Ⅲ　天皇から関白に任命された。

①　Ⅰ→Ⅱ→Ⅲ　　②　Ⅲ→Ⅱ→Ⅰ　　③　Ⅱ→Ⅰ→Ⅲ　　④　Ⅰ→Ⅲ→Ⅱ

問２　空欄（　ア　）にあてはまる語句として正しいものを、次の①～④のうちから一つ選べ。 22

①　姫路城　　②　安土城　　③　伏見城　　④　名護屋城

問３　下線部(b)の徳川家光の時代におこった出来事として正しいものを、次の①～④のうちから一つ選べ。 23

①　宝暦事件　　②　明和事件　　③　大塩の乱　　④　紫衣事件

問４　空欄（　イ　）にあてはまる九州の大名として正しいものを、次の①～④のうちから一つ選べ。 24

①　宗氏　　②　島津氏　　③　松前氏　　④　井伊氏

問５　下線部(c)に関連して、江戸時代の大名について述べた文として**誤っているもの**を、次の①～④のうちから一つ選べ。 25

①　親藩、譜代大名、外様大名などに区別された。
②　幕府から１万石以上の領地を与えられた。
③　大阪などに蔵屋敷を設けた。
④　寺子屋をつくって藩士を学ばせた。

問６　下線部(d)に関連して、徳川吉宗の時代に実施された政策について述べた文として**誤っているもの**を、次の①～④のうちから一つ選べ。 26

①　公事方御定書が定められた。
②　禁中並公家諸法度が定められた。
③　町火消が設けられた。
④　目安箱が設けられた。

問7　空欄（　ウ　）にあてはまる語句として正しいものを、次の①～④のうちから一つ選べ。　27

①　大学或問　　②　経済録　　③　聖教要録　　④　政談

問8　下線部(e)に関連して、街道の宿駅に設けられた施設として**誤っているもの**を、次の①～④のうちから一つ選べ。　28

①　人足寄場　　②　問屋場　　③　本陣　　④　旅籠（旅籠屋）

問9　下線部(f)に関連して、次の図の工業形態の名称と、その説明の組み合わせとして正しいものを、あとの①～④のうちから一つ選べ。　29

Ⅰ　問屋制家内工業　　Ⅱ　工場制手工業（マニュファクチュア）

あ　農民に織機やお金を前貸しし、つくらせた製品を買いとる形態
い　人を雇って分業で製品をつくらせる形態

①　Ⅰ―あ　　②　Ⅰ―い　　③　Ⅱ―あ　　④　Ⅱ―い

問10　下線部(g)に関連して、多色刷の版画である錦絵を始めたとされる江戸の浮世絵師の名前として正しいものを、次の①～④のうちから一つ選べ。　30

①　十返舎一九　　②　松尾芭蕉　　③　本居宣長　　④　鈴木春信

日本の歴史に関わる世界各地の都市についてまとめた次の表を見て、あとの問いに答えなさい。

都市	日本との関わり
南京	（　ア　）の結果、1842年、清と（　イ　）との間で南京条約が締結された。このことは、江戸幕府が諸外国に対してとった政策を見直す要因となった。(a)南京は昭和史とも深い関係にあった。
漢城	1875年、漢城近くの（　ウ　）で発生した事件は、翌年の（　エ　）の締結につながった。漢城は、伊藤博文が（　オ　）によって暗殺された翌年にあたる1910年、韓国併合に際して「京城」と改称された。
ニューヨーク	(b)明治時代初期、岩倉使節団がおとずれた。昭和時代初期にはニューヨークのウォール街で株価が暴落し、それが(c)世界恐慌へとつながるなかで、日本経済も大きな打撃を受けた。
ロンドン	1894年、（　カ　）開戦直前に、ロンドンで日英通商航海条約が締結された。昭和時代初期の1930年には（　キ　）がロンドン海軍軍縮条約（ロンドン海軍軍備制限条約）に調印したが、国内では統帥権干犯問題がおこった。
パリ	1919年、第一次世界大戦の講和会議がパリで開かれ、日本も参加した。講和会議では、アメリカのウィルソン大統領により、（　ク　）の原則などが唱えられた。また、昭和時代初期には、パリ不戦条約に(d)田中義一内閣が調印した。

問1　空欄（　ア　）・（　イ　）にあてはまる語句の組み合わせとして正しいものを、次の①～④のうちから一つ選べ。 31

①　ア―アヘン戦争　イ―フランス　　②　ア―アヘン戦争　イ―イギリス

③　ア―アロー戦争　イ―フランス　　④　ア―アロー戦争　イ―イギリス

問２　下線部(a)に関連して、昭和時代の南京と日本との関わりについて述べた文として正しいものを、次の①～④のうちから一つ選べ。　32

①　毛沢東が南京に国民政府をつくると、日本は山東出兵を断行した。
②　南京郊外でおこった柳条湖事件により、満州事変が勃発した。
③　南京での学生集会をきっかけに、五・四運動と呼ばれる反日運動がおこった。
④　日中戦争が長期化するなかで、日本は親日の新国民政府を南京に樹立した。

問３　空欄（　**ウ**　）・（　**エ**　）にあてはまる語句の組み合わせとして正しいものを、次の①～④のうちから一つ選べ。　33

①　**ウ**―盧溝橋　**エ**―済物浦条約　　②　**ウ**―盧溝橋　**エ**―日朝修好条規
③　**ウ**―江華島　**エ**―済物浦条約　　④　**ウ**―江華島　**エ**―日朝修好条規

問４　空欄（　**オ**　）にあてはまる人物の名前として正しいものを、次の①～④のうちから一つ選べ。　34

①　金玉均　　②　安重根　　③　李承晩　　④　全琫準

問５　下線部(b)に関連して、明治時代初期に実施された政策として**誤っているもの**を、次の①～④のうちから一つ選べ。　35

①　学制が公布され、各地に小学校がつくられた。
②　地租改正が断行され、地租の金納が義務づけられた。
③　廃藩置県が断行され、もとの藩主が県令とされた。
④　徴兵令が出され、満20歳以上の男子に兵役の義務が課された。

問６　下線部(c)に関連して、アメリカ大統領フランクリン＝ローズベルトによって、世界恐慌に対応するためにとられた政策について述べた文として正しいものを、次の①～④のうちから一つ選べ。　36

①　五か年計画に着手した。
②　ニューディールと呼ばれる政策が実施された。
③　北大西洋条約機構（ＮＡＴＯ）をつくった。
④　主要国首脳会議（サミット）を開いた。

問７　空欄（　**カ**　）にあてはまる戦争の名称として正しいものを、次の①～④のうちから一つ選べ。　37

①　日清戦争　　②　戊辰戦争　　③　第一次世界大戦　　④　日露戦争

問８　空欄（　**キ**　）にあてはまる内閣として正しいものを、次の①～④のうちから一つ選べ。　38

①　犬養毅内閣　　②　浜口雄幸内閣　　③　岡田啓介内閣　　④　斎藤実内閣

問9　空欄（　ク　）にあてはまる語句として正しいものを、次の①～④のうちから一つ選べ。 39

①　五族協和　　②　王道楽土　　③　民族自決　　④　門戸開放

問10　下線部(d)に関連して、田中義一内閣が総辞職するきっかけとなった事件の名称として正しいものを、次の①～④のうちから一つ選べ。 40

①　張作霖爆殺事件　　②　シーメンス事件
③　虎の門事件　　④　五・一五事件

近現代の政治運動・社会運動に関する次の【A】～【D】の文章を読み、あとの問いに答えなさい。

【A】　幕末期には、大老井伊直弼のもと、孝明天皇の許可を得ずに（　ア　）が調印されたことなどから、尊王攘夷運動が盛んになった。尊王攘夷論を唱える人びとは(a)安政の大獄で処罰されたが、この弾圧を断行した井伊直弼は（　イ　）で殺害された。

尊王攘夷論者の多かった長州藩は、1863年に（　ウ　）で外国船を砲撃したが、翌年の四国艦隊（　ウ　）砲撃事件によって攘夷が困難であることを悟ることになった。

問1　空欄（　ア　）・（　イ　）にあてはまる語句の組み合わせとして正しいものを、次の①～④のうちから一つ選べ。　41

① ア―日米安全保障条約　イ―坂下門外の変
② ア―日米安全保障条約　イ―桜田門外の変
③ ア―日米修好通商条約　イ―坂下門外の変
④ ア―日米修好通商条約　イ―桜田門外の変

問2　下線部(a)に関連して、安政の大獄で処罰されたり、謹慎を命じられたりした人物について述べた文として正しいものを、次の①～④のうちから一つ選べ。　42

① 山内豊信は、15代将軍徳川家茂に大政奉還を勧めた。
② 徳川斉昭は、『大日本史』の編集を始めた。
③ 松平慶永は、寛政の改革で政事総裁職に任じられた。
④ 吉田松陰は、松下村塾で人材を育てた。

問3　空欄（　**ウ**　）にあてはまる次の地図中の場所と地名の組み合わせとして正しいものを、あとの①～④のうちから一つ選べ。 43

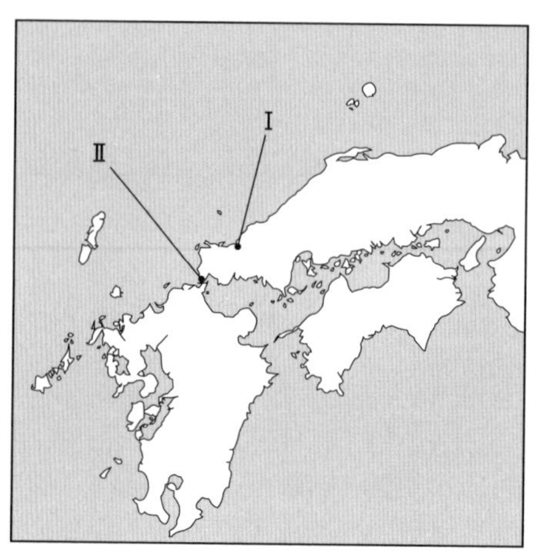

①　Ⅰ―萩　　②　Ⅰ―下関　　③　Ⅱ―萩　　④　Ⅱ―下関

【B】　1870年代から1880年代にかけて、自由民権運動が展開された。こうした動きに対し、政府は（　**エ**　）などを出して取り締まりを強化する一方、1880年代に国会開設の勅諭を出し、憲法制定の準備を進めた。これを受け、板垣退助らが（　**オ**　）を結成するなど、民権派側では政党結成の動きが見られた。

近代的な立憲国家の建設がめざされるなか、(b)1885年の内閣制度の発足を経て1889年に大日本帝国憲法が発布され、翌年に帝国議会が開設された。

問4　空欄（　**エ**　）・（　**オ**　）にあてはまる語句の組み合わせとして正しいものを、次の①～④のうちから一つ選べ。 44

①　**エ**―新聞紙条例　**オ**―立憲改進党　　②　**エ**―新聞紙条例　**オ**―自由党
③　**エ**―治安維持法　**オ**―立憲改進党　　④　**エ**―治安維持法　**オ**―自由党

問5　下線部(b)に関連して述べた文として**誤っているもの**を、次の①～④のうちから一つ選べ。 45

①　内閣制度の発足時に、大隈重信が初代内閣総理大臣に任じられた。
②　大日本帝国憲法では、大臣は、天皇に対して個々に責任を負うとされた。
③　大日本帝国憲法では、天皇が国の元首として統治すると定められた。
④　第一議会は、貴族院と民党の議員が多数を占める衆議院で構成された。

【C】 大正時代には、デモクラシーの風潮が強まった。社会運動も大きな広がりを見せ、労働運動では1920年に日本で最初の（　カ　）がおこなわれ、翌年には労働組合の全国組織である（　キ　）が結成された。女性運動や部落解放運動なども展開され、平民宰相と呼ばれた立憲政友会の（　ク　）を首相とする内閣に対し、普通選挙を求める動きも強まったが、（　ク　）内閣は普通選挙の導入には消極的であった。

問６　空欄（　カ　）・（　キ　）にあてはまる語句の組み合わせとして正しいものを、次の①～④のうちから一つ選べ。　46

①　カ―ストライキ　キ―労働組合期成会
②　カ―ストライキ　キ―日本労働総同盟
③　カ―メーデー　キ―労働組合期成会
④　カ―メーデー　キ―日本労働総同盟

問７　空欄（　ク　）にあてはまる人物の名前として正しいものを、次の①～④のうちから一つ選べ。　47

①　原敬　②　寺内正毅　③　山本権兵衛　④　清浦奎吾

【D】 昭和時代に入ると、民間の政治運動や社会運動は抑制されるようになる一方、戦時体制を強化するため、政府によって国民精神総動員運動や(c)新体制運動が展開された。
(d)第二次世界大戦後の社会運動は、国際社会の動きと関係をもつこともあった。1950年代半ばからの高度経済成長期には、国民の生活水準は高まったものの、(e)公害反対運動が展開されたことで知られるように、さまざまな社会問題が発生した。

問８　下線部(c)に関連して、新体制運動の展開を背景に、政党の解散を経て組織された団体の名称として正しいものを、次の①～④のうちから一つ選べ。　48

①　青鞜社　②　大政翼賛会　③　全国水平社　④　愛国社

問9　下線部(d)に関連して述べた次のⅠ～Ⅲの文を読み、年代が古い順に正しく配列したものを、あとの①～④のうちから一つ選べ。　49

Ⅰ　第五福竜丸が被ばくした事件を機に、原水爆禁止運動が広がった。
Ⅱ　ベトナム戦争が激化するなか、日本でも反戦運動が展開された。
Ⅲ　エネルギー革命が進展するなか、安保闘争と同時期に三池争議が発生した。

①　Ⅰ→Ⅱ→Ⅲ　　②　Ⅲ→Ⅱ→Ⅰ　　③　Ⅱ→Ⅰ→Ⅲ　　④　Ⅰ→Ⅲ→Ⅱ

問10　下線部(e)に関連して、四大公害病のうち、熊本県で発生した公害病と高度経済成長期に政府がとった措置の組み合わせとして正しいものを、次の①～④のうちから一つ選べ。　50

①　水俣病――公害対策基本法の制定
②　水俣病――京都議定書への署名
③　イタイイタイ病――公害対策基本法の制定
④　イタイイタイ病――京都議定書への署名

歴史能力検定 第42回（2023年）
準3級―日本史 解答・解説

1―②	2―②	3―①	4―①	5―④
6―②	7―②	8―③	9―④	10―④
11―④	12―③	13―③	14―③	15―③
16―④	17―②	18―①	19―④	20―①
21―②	22―③	23―④	24―②	25―④
26―②	27―④	28―①	29―④	30―④
31―②	32―④	33―④	34―②	35―③
36―②	37―①	38―②	39―③	40―①
41―④	42―④	43―④	44―②	45―①
46―④	47―①	48―②	49―④	50―①

1

1．②蘇我馬子は６世紀末～７世紀前半の推古天皇の時代を中心に活躍した。①継体天皇は６世紀前半、③元明天皇は８世紀初め、④欽明天皇は６世紀中頃の天皇。

2．①吉備真備、③阿倍仲麻呂、④山上憶良は、遣唐使もしくは遣唐使に随行して入唐した留学生。

3．①「獲加多支鹵大王」や雄略天皇と同一人物とされているのは倭王武。写真は、埼玉県稲荷山古墳および熊本県江田船山古墳から出土した鉄剣と鉄刀。

4．②鞍作鳥は飛鳥文化期に活躍した。③かな文字による文学作品がつくられ、④浄土信仰が広まったのは国風文化期。

5．④布や特産物をおさめるのは租ではなく調。

6．②聖武天皇の皇后となったのは光明子。

7．東大寺のある都は②の平城京。①は平安京、③は難波宮、④は藤原京。

8．①最澄は比叡山延暦寺、②空海は高野山金剛峰寺、④藤原清衡は陸奥国平泉に中尊寺金色堂を建てた。

9．④渤海から使者が派遣されるようになったのは８世紀。

10．①③書院造は武家の住宅に取り入れられた住宅様式。数寄屋とは茶室のことで、書院造に茶室を取り入れた建築様式が数寄屋造。②権現造は神社建築の一形式で、代表的な建築物に徳川家康をまつる日光東照宮がある。

2

11．Ⅰ元軍が九州北部を襲撃したのは1270～80年代。Ⅲ永仁の徳政令が出されたのは1290年代。Ⅱ楠木正成が幕府軍と交戦したのは1330年代。

12．建武の新政を推進したのは後醍醐天皇。後三条天皇は11世紀後半に院政を開始した白河上皇の父。御成敗式目は当時の年号から貞永式目とも呼ばれる。文永は文永の役（1274年）で知られる年号。

13．①義堂周信と②絶海中津は足利義満の時代に五山文学で活躍した。④蘭溪道隆は鎌倉時代に宋より渡来した。

14．①六波羅探題を設けたのは鎌倉幕府。②将軍を補佐する役職は管領。旗本は江戸幕府における将軍の直臣。④刀狩令を出したのは豊臣秀吉。

15．①北条時政は初代、②北条高時は14代、④北条時頼は５代執権。

16．④大番催促、謀反や殺人などの犯罪人の逮捕をおもな職権とする守護についての条文。

17．②鎌倉（神奈川県）にある神社は鶴岡八幡宮。①石清水八幡宮は京都府、③宗像大社は福岡県、④住吉大社は大阪府にある神社。

18．①1485年に発生したのは山城の国一揆。

19．①商場知行制は江戸時代の松前藩でしかれた制度。②寛永通宝は江戸幕府が鋳造・発行した。③服忌令や生類憐みの令は、江戸幕府の５代将軍徳川綱吉によって出された。

20．①朝倉氏の拠点は越前。

3

21．Ⅲ関白に任命されたのは1585年。Ⅱ北条氏を滅ぼしたのは1590年。Ⅰ朝鮮侵略は文禄の役（1592〜93年）と慶長の役（1597〜98年）。

22. ①姫路城は播磨、②安土城は近江、④名護屋城は肥前に築かれた。

23. ④紫衣事件（1627〜29年）がおこったのは徳川家光の時代。①宝暦事件は９代徳川家重の時代の1758年、②明和事件は10代徳川家治の時代の1767年におこった。③大塩の乱は、11代徳川家斉が12代徳川家慶に将軍職を譲った1837年に発生した。

24. ①宗氏は対馬藩主をつとめた。③松前氏は松前藩主で蝦夷地などの支配を委ねられた。④井伊氏は彦根藩主。

25. ④寺子屋ではなく藩校が正しい。寺子屋は江戸時代中期以降に急増した庶民教育の施設。

26. ②禁中並公家諸法度は、1615年、２代将軍徳川秀忠の時代に定められた。

27. ①『大学或問』は熊沢蕃山、②『経済録』は太宰春台、③『聖教要録』は山鹿素行の著作。

28. ①人足寄場は、寛政の改革時に、江戸に設けられた。

29. 図は人を雇って分業で製品をつくらせる工場制手工業（マニュファクチュア）の様子。農民に織機やお金を前貸しし、つくらせた製品を買いとるのは問屋制家内工業。

30. ①十返舎一九は滑稽本の作者。②松尾芭蕉は俳人。③本居宣長は国学を大成した人物。

4

31. アヘン戦争の結果、中国（清）はイギリスに対し、香港割譲などを内容とする南京条約の締結を余儀なくされた。

32. ①毛沢東ではなく蔣介石が正しい。②南京郊外ではなく奉天郊外が正しい。③南京ではなく北京が正しい。五・四運動がおこったのは昭和時代ではなく大正時代。

33. 1875年の江華島事件を機に、翌年に日朝修好条規が締結された。1937年、北京郊外でおこった盧溝橋事件を機に日中戦争が始まった。済物浦条約は1882年、壬午軍乱（壬午事変）の善後処理のために締結された。

34. ②伊藤博文は安重根に暗殺された。

35. ③廃藩置県では、もとの藩主は東京への移住を命じられ、中央政府が派遣する県令が地方政治を担うことになった。

36. ①五か年計画に着手したのはソ連。③北大西洋条約機構（ＮＡＴＯ）は第二次世界大戦後の1949年、冷戦が展開されるなかでつくられた。④1973年の第１次石油危機を経て、1975年に最初の主要国首脳会議（サミット）が開かれた。

37. ②戊辰戦争は旧幕府軍と新政府軍による、1868年から翌年にかけての戦争。③第一次世界大戦は1914年に勃発した。④日露戦争の開戦は1904年。

38. ②1930年にロンドン海軍軍縮条約（ロンドン海軍軍備制限条約）に調印したのは浜口雄幸内閣。

39. ③ウィルソンは、第一次世界大戦後の世界秩序構想をまとめた（「十四か条の平和原則」）。そのおもな内容は、秘密外交の廃止・海洋の自由・軍備縮小・民族自決・国際平和機構の設立などであった。①②満州事変勃発後、日本軍は溥儀を執政として満州国の建国を宣言させた。「五族協和」（五族とは満・漢・蒙・朝・日）による「王道楽土」が建国の指導理念とされた。④1899年アメリカは、国務長官ジョン＝ヘイの名で門戸開放宣言をおこない、中国市場の門戸開放・機会均等・領土保全を提唱した。

40. ②1914年のシーメンス事件は第１次山本権兵衛内閣、③1923年の虎の門事件は第２次山本内閣、④1932年の五・一五事件は犬養毅内閣の総辞職につながった。

5

41. 日米修好通商条約は、大老井伊直弼のもと、1858年に調印された。日米安全保障条約は1951年に締結された。1860年、井伊直弼は桜田門外の変で殺害された。1862年、安藤信正は坂下門外の変で襲われて失脚した。

42. ①15代将軍は徳川慶喜。徳川家茂は14代将軍。②『大日本史』の編集を始めたのは江戸時代初期の水戸藩主徳川光圀。③松平慶永は、寛政の改革ではなく、文久の改革で政事総裁職に任じられた。

43. 1864年、Ⅱの下関で四国艦隊下関砲撃事件がおこった。Ⅰは萩。萩では吉田松陰が松下村塾で人材を育てた。

44. 新聞紙条例は、民撰議院設立の建白書が出された翌年の1875年に出された。治安維持法は1925年に制定された。板垣退助らが結成したのは自由党。立憲改進党は大隈重信らによって結成された。

45. ①内閣制度の発足時に、初代内閣総理大臣に任じられたのは伊藤博文。

46. 1920年に日本で最初におこなわれたのは、メーデー。ストライキはすでに明治時代に頻発していた。1921年に結成されたのは、日本労働総同盟。労働組合期成会が結成されたのは、明治時代の1897年。

47. ①平民宰相と呼ばれた立憲政友会の総裁は原敬。

48. ①青鞜社は平塚らいてうにより結成された文学者集団。③全国水平社は部落解放運動（差別からの解放をめざす運動）を推進した団体。④愛国社は立志社の呼びかけで結成された全国的政社で、自由民権運動を主導した。

49. Ⅰ原水爆禁止運動が広がったのは1950年代半ば。Ⅲエネルギー革命が進展するなか、安保闘争と同時期に三池争議が発生したのは1960年頃。Ⅱベトナム戦争が激化するなか、日本でも反戦運動が展開されたのは1960年代後半。

50. 熊本県で発生した公害病は水俣病。公害対策基本法が制定されたのは、高度経済成長期の1967年。イタイイタイ病が発生したのは富山県。1997年、地球温暖化防止京都会議で京都議定書が採択され、日本は翌年に署名した。

【写真所蔵・提供】

所有：文化庁　写真提供：埼玉県立さきたま史跡の博物館（１－問３）／Image: TNM Image Archives（１－問３）／国立国会図書館ウェブサイト（３－問９）

2023年11月

歴史能力検定 第42回

3級―世界史

――受験上の注意点――

1．試験監督者の試験開始の指示があるまで、問題用紙は開かないでください。
2．試験開始前に、解答用紙に必要事項を記入し、誤りがないか確認してください。
3．問題文は16ページまでありますので、落丁がないか、最初に確認してください。
4．解答用紙の受験番号欄には、必ず受験番号（10桁）をマークしてください。
　※受験番号が正しくマークされていない場合は採点されません。
5．問題文には、各冒頭部分に問番号（**問１、問２**……）がついていますが、これとは別に、文末部分に四角で囲った番号がそれぞれついています（［1］、［2］、［3］……）。この四角で囲った番号に対応する解答欄に、解答をマークしてください。
　なお、問番号と、四角で囲った番号とは、必ずしも一致しませんので、ご注意ください。
6．各問題には、正解肢が必ず１つあります。正解肢のない問題も、２つ以上正解肢のある問題もありません。正解と考える肢１つを選択し、該当番号をマークしてください。
　マークの仕方や消し方が悪いと採点されませんので、次の事項に十分注意してください。
　イ．記入はHB以上の鉛筆またはシャープペンシルを使用し、はっきりとわかるようにすること（サインペン・万年筆・ボールペンは不可）
　ロ．訂正は消しゴムで跡が残らないように完全に消すこと
　ハ．所定の場所以外に文字等を記入しないこと
　ニ．解答用紙を折り曲げたり汚したりしないこと
7．試験時間中は、出題問題についての質問は受け付けません。
8．試験時間は50分です。
9．試験時間中に、トイレを使用する等でやむをえず席を立つ場合には、試験監督者の許可を受けた上で、隣の人の迷惑にならないよう静かに移動してください。
10．試験時間中の喫煙・飲食等を禁止します。
11．試験終了の合図があり次第、筆記用具をおき、試験監督者の合図があるまでは席を立たないでください。なお、質問、トイレのための退席等、理由の如何を問わず、試験時間は延長しません。
12．不正行為をした場合、答案は無効となります。

問題文の国名・人名・事件名などの表記は高等学校の教科書による。

――準会場（団体受験）で受験される方――
この問題冊子は試験終了後に回収します。試験当日の持ち帰りは禁止です。
再配布時期は団体責任者にご確認ください。

歴史能力検定協会

歴史上、周辺地域にさまざまな影響を与える大国が世界各地に成立した。歴史上の大国と、その国が周辺地域や後世に与えた影響について述べた【A】～【C】の文章を読み、あとの問いに答えなさい。

【A】　アッシリアは、(a)メソポタミアと各地を結ぶ交易の中心であったティグリス川中流域を中心に成立し、前2000年紀にミタンニに服属したが、アッシュル＝ウバリト１世の時代に独立した。その後一時混乱したものの、後に再び復興してメソポタミアにおける覇権を確立し、サルゴン２世の時代に周辺に勢力を拡大して、前７世紀前半のエサルハドンはエジプトに遠征してオリエントを統一した。

アッシリアは、都の（　ア　）に大図書館を建設したアッシュル＝バニパルの時代に全盛期を迎えたが、住民の強制移住などへの反発から反乱も頻発した。また、内紛や(b)北方からの遊牧民の侵入などもあり、王国はアッシュル＝バニパルの死後約20年で滅亡した。しかし、強制移住は周辺地域への言語の普及をうながし、その統治制度は後の(c)アケメネス朝などに影響を与えた。

問１　下線部(a)に関連して、メソポタミア文明を特徴づける建造物の名称と、その建造物を示す写真ａまたはｂとの組み合わせとして正しいものを、あとの①～④のうちから一つ選べ。　1

ａ

ｂ

①　ジッグラト―ａ　　②　ジッグラト―ｂ
③　スフィンクス―ａ　　④　スフィンクス―ｂ

問2　空欄（　**ア**　）にあてはまる語句として正しいものを、次の①～④のうちから一つ選べ。 2

①　シドン　　②　テーベ　　③　ニネヴェ　　④　ミケーネ

問3　下線部(b)に関連して、文献上で知られる最初の遊牧国家の名称として正しいものを、次の①～④のうちから一つ選べ。 3

①　ウイグル　　②　スキタイ　　③　エフタル　　④　ヒクソス

問4　下線部(c)について述べた文として正しいものを、次の①～④のうちから一つ選べ。 4

①　クテシフォンに都をおいた。
②　キュロス２世の時代にメディアから独立した。
③　ダレイオス１世はユダ王国を滅ぼした。
④　ゾロアスター教の聖典『アヴェスター』が編纂(へんさん)された。

【B】　(d)ローマ帝国は、２世紀前半に領土が最大となり、各地にローマ文化が伝わったが、その後領土は縮小に向かい、４世紀末には帝国は東西に分裂した。

このうち、東ローマ帝国（ビザンツ帝国）は、西ローマ帝国が短命に終わった後も繁栄を続け、６世紀のユスティニアヌス１世（大帝）の時代にはローマ帝国の旧領を回復した。さらに、７世紀の（　**イ**　）は（　**ウ**　）で軍事力を強化し、異民族の侵入を防いだ。しかし、この頃からイスラーム勢力の侵入が激しくなり、版図も縮小して都のコンスタンティノープルが包囲されることもあった。さらに８世紀には、聖像崇拝をめぐってローマ教会との抗争が激化した。その後、マケドニア朝の時代には勢力を回復し、周辺民族に文化や制度を広めた。しかし、13世紀に(e)第４回十字軍によって都を占領されて滅亡し、その後復活したものの勢力を回復することはなかった。

問5　下線部(d)に関連して、古代ローマの歴史について述べた文として正しいものを、次の①～④のうちから一つ選べ。 5

①　リキニウス・セクスティウス法で、平民会の設置が決定された。
②　ハンニバルは、第２回ポエニ戦争でカルタゴを破った。
③　マルクス＝アウレリウス＝アントニヌス帝は、『自省録』を著した。
④　ディオクレティアヌス帝は、ミラノ勅令でキリスト教を公認した。

問6　空欄（　**イ**　）・（　**ウ**　）にあてはまる語句の組み合わせとして正しいものを、次の①～④のうちから一つ選べ。　6

① **イ**―ヘラクレイオス１世　**ウ**―プロノイア制
② **イ**―ヘラクレイオス１世　**ウ**―軍管区制（テマ制）
③ **イ**―レオン３世　**ウ**―プロノイア制
④ **イ**―レオン３世　**ウ**―軍管区制（テマ制）

問7　下線部(e)に関連して、第４回十字軍がコンスタンティノープルに向かった背景には、イタリアの海港都市の意向があった。この海港都市の名称として正しいものを、次の①～④のうちから一つ選べ。　7

① ハンブルク　② ヴェネツィア
③ アウクスブルク　④ フィレンツェ

【C】　オスマン帝国は、14世紀にバルカン半島に進出し、その後長くこの地を支配した。この支配の間、スラヴ人などのなかにはイスラーム教に改宗する人びともおり、それらの人びとは(f)旧ユーゴスラヴィア社会主義連邦共和国では、1960年代からは、「ムスリム人」として一つの民族と見なされるようになっていった。

オスマン帝国は、16世紀のセリム１世の時代にエジプトを占領して三大陸にまたがる大帝国に発展し、次のスレイマン１世は(g)ハンガリーを征服してウィーンを包囲するなど、ヨーロッパの国際関係にも影響をおよぼした。しかし、17世紀後半以降は衰退し、19世紀にはさまざまな改革が進められた。なかでも、（　**エ**　）の時代に制定されたミドハト憲法（オスマン帝国憲法）はアジア初の憲法で、ロシア＝トルコ（露土）戦争を口実に停止されたが青年トルコ革命によって復活し、その後のオスマン帝国の立憲政治の指針となった。

問8　下線部(f)に関連して、第二次世界大戦後にソ連に対する独自外交を展開したこの国の指導者の名前として正しいものを、次の①～④のうちから一つ選べ。　8

① ワレサ　② コシュート　③ ピウスツキ　④ ティトー

問9　下線部(g)に関連して、ハンガリー王国を建てた民族の名称として正しいものを、次の①～④のうちから一つ選べ。　9

① クロアティア人　② チェック人
③ ベルベル人　④ マジャール人

問10　空欄（　**エ**　）にあてはまるスルタンの名前として正しいものを、次の①～④のうちから一つ選べ。　10

① アブデュルハミト２世　② バヤジット１世
③ メフメト２世　④ アブデュルメジト１世

歴史上、世界のさまざまな地域で、後世まで継承される思想が生まれた。世界史上の思想と思想家について述べた【A】～【C】の文章を読み、あとの問いに答えなさい。

【A】 (a)イタリア=ルネサンス期の画家ラファエロの作品「アテネの学堂」には、中央に古代ギリシアの思想家プラトンとアリストテレスが描かれ、両者の指の向きの違いが二人の思想の違いをあらわしているとされる。この作品にあらわされているように、思想的に異なる両者であったが、マケドニア生まれのアリストテレスは(b)アテネに出てプラトンが開いたアカデメイア学園に入り、約20年間にわたってここで研究した。アリストテレスは、哲学のほかにも倫理学・政治学などの基礎を確立して「万学の祖」と呼ばれ、彼の文献は後にイスラーム世界に伝わってアッバース朝の翻訳機関「知恵の館」などでアラビア語に翻訳され、哲学者の(ア)らによって研究された。さらに、(ア)のアリストテレス研究は後に中世ヨーロッパに伝わり、『神学大全』を著したスコラ学者(イ)に影響を与えた。

問1 下線部(a)に関連して、ルネサンスを代表する画家レオナルド=ダ=ヴィンチの作品の名称として正しいものを、次の①～④のうちから一つ選べ。 11

① 「最後の審判」　② 「ヴィーナスの誕生」
③ 「農民の踊り」　④ 「最後の晩餐」

問2 下線部(b)に関連して、古代アテネについて述べた文として正しいものを、次の①～④のうちから一つ選べ。 12

① ドーリア人が建てたポリスであった。
② ソロンは陶片追放（オストラキスモス）の制度を定めた。
③ デロス同盟を結成した。
④ ペリクレスの時代に女性に参政権が付与された。

問3 空欄(ア)・(イ)にあてはまる語句の組み合わせとして正しいものを、次の①～④のうちから一つ選べ。 13

① ア―イブン=ルシュド　イ―アウグスティヌス
② ア―イブン=ルシュド　イ―トマス=アクィナス
③ ア―ウマル=ハイヤーム　イ―アウグスティヌス
④ ア―ウマル=ハイヤーム　イ―トマス=アクィナス

【B】 中国の政治・社会などに影響を与えている儒学は、長い歴史のなかで多くの学者によって発展してきた。儒学は、前漢の武帝によって官学とされ、その頃から、古典の字句を研究する訓詁学が発達し、唐代に（　ウ　）らが編纂した『五経正義』によって経典の解釈が統一されたが、儒学は学問的には停滞した。しかし、宋代になると仏教や道教の影響を受けて宋学がおこり、南宋の朱熹は、彼に先立つ周敦頤などの学説を受け継ぎつつ、欧陽脩らの史学の影響も受けて朱子学を大成した。ここで唱えられた大義名分論は、君臣関係を絶対化して宋の皇帝専制政治を支える理論となり、朱子学は(c)明で官学とされるとともに朝鮮でも官学とされ、日本でも林羅山ら多くの学者を輩出した。また、朱子学では華夷の別が強調され、華夷思想・中華思想とも呼ばれるこの思想は、今日の(d)中華人民共和国における政治や外交にも影響が見える。

問4　空欄（　ウ　）にあてはまる人物の名前として正しいものを、次の①～④のうちから一つ選べ。 14

①　孔穎達　　②　顧炎武　　③　董仲舒　　④　康有為

問5　下線部(c)について述べた次の文章を読み、波線部①～④のうちから**誤っているもの**を一つ選べ。 15

明の開祖朱元璋（洪武帝）は、村落行政制度の①里甲制をしき、土地台帳の②魚鱗図冊を整備して税収の安定をはかった。その後、③靖康の変に勝利して即位した永楽帝は、南海諸国との朝貢貿易を促進させるとともに、日本と④勘合貿易をおこなった。

問6　下線部(d)について述べた次のⅠ・Ⅱの文を読み、正誤の組み合わせとして正しいものを、あとの①～④のうちから一つ選べ。 16

Ⅰ　毛沢東は、「大躍進」運動を進めて農業の集団化をはかった。
Ⅱ　プロレタリア文化大革命で、劉少奇や鄧小平らが失脚した。

①　Ⅰ―正　Ⅱ―正　　②　Ⅰ―正　Ⅱ―誤
③　Ⅰ―誤　Ⅱ―正　　④　Ⅰ―誤　Ⅱ―誤

【C】 18世紀、(e)フランスには多くの啓蒙思想家があらわれ、アンシャン＝レジームを批判した。その一人ルソーは、スイスのジュネーヴで生まれ、放浪の後にパリで、『百科全書』を編纂した（　エ　）らと知り合った。その後、『人間不平等起源論』で自然状態から社会状態への移行が不平等を生んだとし、文明の進歩が社会的不平等を促進したと主張して（　エ　）らと対立した。一方、『社会契約論』では直接民主政を唱え、それは日本にも伝わって中江兆民らが人民主権論を主張した。また、ルソーが唱えた一般意志は、(f)フランス革命におけるジャコバン派の政治に多大な影響を与えた。さらに、ドイツのカントはルソーの人間尊重の精神に影響を受けたと語り、彼は『永久平和のために』で人間中心の精神にもとづいて国際平和機構を提唱し、それは、20世紀に(g)国際連盟の設立によって実現した。

問7 下線部(e)に関連して、中世以降のフランス国王について述べた文として正しいものを、次の①～④のうちから一つ選べ。 17

① ルイ９世は、モンゴル帝国にモンテ＝コルヴィノを派遣した。
② フィリップ４世は、ローマ教皇ボニファティウス８世をアナーニでとらえた。
③ シャルル７世は、ナントの王令（勅令）を発してユグノー戦争を終わらせた。
④ ルイ13世は、宰相コルベールを登用して王権強化につとめた。

問8 空欄（　エ　）にあてはまる人物の名前として正しいものを、次の①～④のうちから一つ選べ。 18

① ヘーゲル　② デカルト　③ フィヒテ　④ ディドロ

問9 下線部(f)について述べた次のⅠ～Ⅲの文を読み、年代が古い順に正しく配列されたものを、あとの①～④のうちから一つ選べ。 19

Ⅰ ８月10日事件がおこった。
Ⅱ ロベスピエールが処刑された。
Ⅲ バスティーユ牢獄襲撃事件がおこった。

① Ⅱ→Ⅰ→Ⅲ　② Ⅱ→Ⅲ→Ⅰ　③ Ⅲ→Ⅰ→Ⅱ　④ Ⅲ→Ⅱ→Ⅰ

問10 下線部(g)に関連して、「十四カ条」の原則で国際平和機構の設立を訴えたアメリカ合衆国大統領の名前として正しいものを、次の①～④のうちから一つ選べ。 20

① マッキンリー　② ウィルソン
③ フランクリン＝ローズヴェルト　④ ジャクソン

海峡は、地域を隔てることもある一方、海域を結びつける存在でもあり、歴史上海峡をめぐってさまざまな出来事がおこった。海峡とその周辺地域について述べた【A】・【B】の文章を読み、あとの問いに答えなさい。

【A】　古来、ユーラシア大陸の東西を結ぶ海上交易路が発達して(a)「海の道」と呼ばれたが、この海上交易路は現在でも交易の大動脈であり、ホルムズ海峡とマラッカ海峡はこの交易路上の要衝である。

現在、イランとオマーンに挟まれるホルムズ海峡は、ペルシア湾交易が発達するとその要衝となり、海峡に面するホルムズは港湾都市として繁栄し、ムスリムの旅行家イブン＝バットゥータなどが来訪した。16世紀、ポルトガルがホルムズ島を占領したが、17世紀に(b)サファヴィー朝がここを奪還した。今では、狭い海峡を多くの船舶が往来する、航海の難所でもある。

一方、インド洋と南シナ海を結ぶマラッカ海峡は、海上交易の重要性の高まりにともなって交易上の要衝となり、７世紀に、スマトラ島を中心に成立した（　ア　）がマラッカ海峡をおさえて台頭した。(c)唐の義浄もインド往復の際に（　ア　）を訪れている。また、14世紀末には海峡に面したマレー半島にマラッカ王国が成立し、その後この国の王が(d)イスラーム教に改宗し、この国は東西を結ぶ海上交易の中継地として繁栄した。

問１　下線部(a)に関連して、ムスリム商人がインド洋交易などで用いた船の名称と、その船の写真ａまたはｂとの組み合わせとして正しいものを、あとの①～④のうちから一つ選べ。　21

a

b

①　ジャンク船—ａ　　②　ジャンク船—ｂ
③　ダウ船—ａ　　④　ダウ船—ｂ

問2　下線部(b)について述べた文として正しいものを、次の①～④のうちから一つ選べ。 22

①　トゥール・ポワティエ間の戦いで敗北した。
②　アッバース1世が新都イスファハーンを造営した。
③　ロシアとトルコマンチャーイ条約を結んだ。
④　アクバルがジズヤを廃止した。

問3　空欄（　ア　）にあてはまる語句として正しいものを、次の①～④のうちから一つ選べ。 23

①　バンテン王国　　②　アクスム王国
③　マイソール王国　④　シュリーヴィジャヤ王国

問4　下線部(c)の都がおかれた長安の位置として正しいものを、次の地図中の①～④のうちから一つ選べ。 24

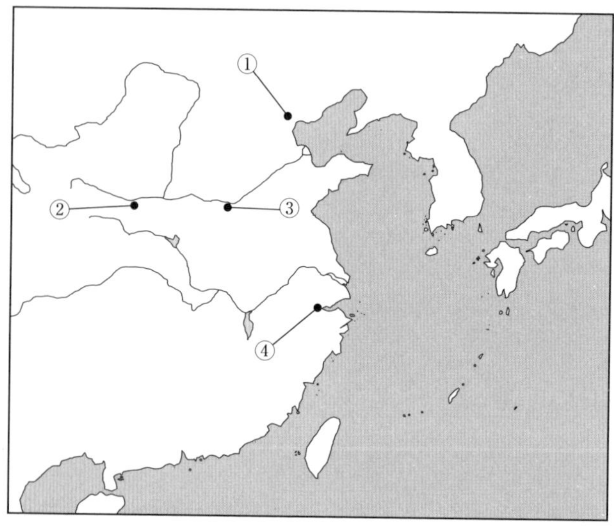

問５　下線部(d)に関連して、イスラーム教とイスラーム世界について述べた次のⅠ・Ⅱの文を読み、正誤の組み合わせとして正しいものを、あとの①～④のうちから一つ選べ。 **25**

Ⅰ　ウラマーの教育機関として、マドラサが整備された。
Ⅱ　シーア派は、アリーとその子孫のみを正統な指導者としている。

①　Ⅰ―正　Ⅱ―正　　②　Ⅰ―正　Ⅱ―誤
③　Ⅰ―誤　Ⅱ―正　　④　Ⅰ―誤　Ⅱ―誤

【Ｂ】　ベーリング海峡はユーラシア大陸とアメリカ大陸を隔てる海峡で、かつて両大陸が陸続きであった時代にユーラシア大陸から多くの人びとがアメリカ大陸へと渡り、後に(e)南北アメリカ大陸に独自の文明や国を築いた。この海峡は、18世紀にロシア皇帝が派遣したデンマーク出身の探検家ベーリングによって確認された。その後、彼は海峡を渡ってアラスカにいたり、これを機にアラスカはロシア領となったが、1867年にアラスカは(f)アメリカ合衆国に買収された。

一方、ユーラシア大陸西部のジブラルタル海峡はヨーロッパと(g)アフリカを隔て、大西洋と地中海をつなぐ海峡で、ゲルマン人の一派であるヴァンダル人やウマイヤ朝のイスラーム軍など、古来この海峡を多くの民族が往来した。また、地政学上の要衝であり、海峡のヨーロッパ側にあるジブラルタルをめぐってさまざまな勢力が抗争した。15世紀後半、レコンキスタの過程でジブラルタルはスペイン領となったが、1701年に始まる（　**イ**　）の講和条約である（　**ウ**　）でイギリス領となった。ジブラルタル海峡は、スエズ運河の開通によって(h)インドへの中継地としての重要性が高まり、イギリスは現在もジブラルタルを領有している。

問６　下線部(e)に関連して、アンデス山麓を中心に栄えたインカ帝国の都の名称として正しいものを、次の①～④のうちから一つ選べ。 **26**

①　テノチティトラン　②　トンブクトゥ　③　クスコ　④　マラケシュ

問７　下線部(f)について述べた次のⅠ～Ⅲの文を読み、年代が古い順に正しく配列されたものを、あとの①～④のうちから一つ選べ。 **27**

Ⅰ　リンカンが大統領に当選した。
Ⅱ　先住民に対する強制移住法が制定された。
Ⅲ　禁酒法が制定され、国内における酒類の製造・販売などが禁止された。

①　Ⅱ→Ⅰ→Ⅲ　②　Ⅱ→Ⅲ→Ⅰ　③　Ⅲ→Ⅰ→Ⅱ　④　Ⅲ→Ⅱ→Ⅰ

問８　下線部(g)に関連して、19世紀末にイタリアの侵入を撃退して独立を維持した国の名称と、その国の地図上の位置ａまたはｂとの組み合わせとして正しいものを、あとの①～④のうちから一つ選べ。　28

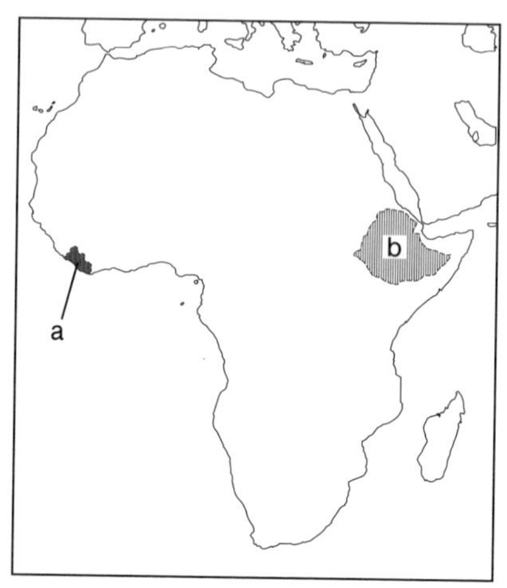

①　リベリア―a　　②　リベリア―b
③　エチオピア―a　　④　エチオピア―b

問９　空欄（　イ　）・（　ウ　）にあてはまる語句の組み合わせとして正しいものを、次の①～④のうちから一つ選べ。　29

①　イ―スペイン継承戦争　ウ―パリ条約
②　イ―スペイン継承戦争　ウ―ユトレヒト条約
③　イ―七年戦争　ウ―パリ条約
④　イ―七年戦争　ウ―ユトレヒト条約

問10　下線部(h)に関連して、古代インドについて述べた文として正しいものを、次の①～④のうちから一つ選べ。　30

①　ヴァルダマーナ（マハーヴィーラ）がジャイナ教を開いた。
②　マウリヤ朝はプルシャプラに都をおいた。
③　クシャーナ朝はアショーカ王の時代に全盛期を迎えた。
④　カーリダーサは『マハーバーラタ』を著した。

近世以降のイギリスに関する次の年表を見て、あとの問いに答えなさい。

年	出来事
1603	(a)ステュアート朝が成立する。
	あ
1689	(b)カトリック以外の非国教徒に信仰の自由を認める法律が制定される。
	い
1721	ウォルポールが首相に就任する。
	う
1775	レキシントンの戦いを機に、(c)アメリカ独立戦争が始まる。
	え
1807	奴隷貿易が廃止される。
	お
1868	第１次(d)グラッドストン内閣が成立する。
	か
1917	王朝名がウィンザー朝と改称される。

問１　下線部(a)の時代の出来事について述べた文として正しいものを、次の①～④のうちから一つ選べ。　31

① ピューリタン革命でチャールズ１世が処刑された。
② 長老派のクロムウェルが護国卿に就任した。
③ 名誉革命でチャールズ２世が亡命した。
④ メアリ２世の時代に大ブリテン（グレートブリテン）王国が成立した。

問２　あの時期におこった出来事として正しいものを、次の①～④のうちから一つ選べ。　32

① マラーター戦争　② ファショダ事件
③ アンボイナ事件　④ プラッシーの戦い

問3　下線部(b)に関連して、オーストリアで宗教寛容令を出した啓蒙専制君主の名前として正しいものを、次の①～④のうちから一つ選べ。 33

①　フリードリヒ２世（大王）　②　ヨーゼフ２世
③　カール５世　④　ピョートル１世

問4　い の時期にデフォーが著した小説の名称として正しいものを、次の①～④のうちから一つ選べ。 34

①　『アーサー王物語』　②　『ロビンソン＝クルーソー』
③　『天路歴程』　④　『エセー（随想録）』

問5　う の時期にイギリスが関係したオーストリア継承戦争で、プロイセンとオーストリアの係争地となった領土の名称として正しいものを、次の①～④のうちから一つ選べ。 35

①　シュレジエン　②　アルザス・ロレーヌ
③　シュレスヴィヒ・ホルシュタイン　④　南チロル・トリエステ

問6　下線部(c)に関連して、アメリカ独立戦争とその頃の出来事について述べた次のⅠ・Ⅱの文を読み、正誤の組み合わせとして正しいものを、あとの①～④のうちから一つ選べ。 36

Ⅰ　印紙法に対し、植民地側は「代表なくして課税なし」と主張して反発した。
Ⅱ　フランスのコシューシコ（コシチューシコ）は、義勇兵として植民地側で参戦した。

①　Ⅰ―正　Ⅱ―正　②　Ⅰ―正　Ⅱ―誤
③　Ⅰ―誤　Ⅱ―正　④　Ⅰ―誤　Ⅱ―誤

問7　え の時期に、自由貿易を求めてイギリス人マカートニーが清の乾隆帝に謁見したが、同時期の中国で発生した反乱の名称として正しいものを、次の①～④のうちから一つ選べ。 37

①　安史の乱　②　東学の乱　③　壬午軍乱（壬午事変）　④　白蓮教徒の乱

問８　[お]の時期にイギリス領となり海峡植民地を形成した都市の名称と、その都市の地図上の位置ａまたはｂとの組み合わせとして正しいものを、あとの①～④のうちから一つ選べ。 [38]

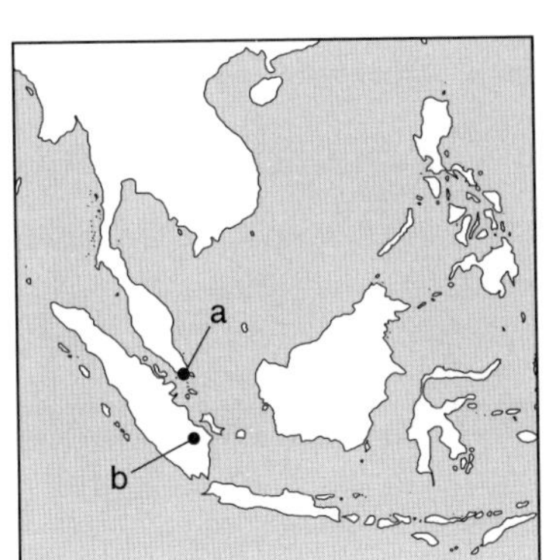

① パレンバン―ａ　② パレンバン―ｂ
③ シンガポール―ａ　④ シンガポール―ｂ

問９　下線部(d)に関連して、グラッドストン内閣の政策について述べた文として正しいものを、次の①～④のうちから一つ選べ。 [39]

① 第３回選挙法改正をおこなった。
② 穀物法を廃止した。
③ アイルランド自治法を成立させた。
④ イギリス連邦経済会議でブロック経済を採用した。

問10　[か]の時期のイギリスの対外関係について述べた次のⅠ～Ⅲの文を読み、年代が古い順に正しく配列されたものを、あとの①～④のうちから一つ選べ。 [40]

Ⅰ　英仏協商でフランスのモロッコにおける優越的地位を認めた。
Ⅱ　南アフリカ戦争に勝利してトランスヴァール共和国・オレンジ自由国を併合した。
Ⅲ　ベルリン会議でキプロス島の行政権を獲得した。

① Ⅱ→Ⅰ→Ⅲ　② Ⅱ→Ⅲ→Ⅰ　③ Ⅲ→Ⅰ→Ⅱ　④ Ⅲ→Ⅱ→Ⅰ

江戸幕府後期以降において日本が直面した外圧や外交的危機と、それに対する日本の対応について述べた次の文章を読み、あとの問いに答えなさい。

江戸幕府は、17世紀半ば以降「鎖国」を維持したが、18世紀後半になると（　ア　）の皇帝エカチェリーナ２世が派遣した（　イ　）が通商を求めて根室に来航するなど開国圧力が高まり、その対応に苦慮した。しかし、「鎖国」の間にも幕府は長崎・松前・薩摩・対馬の、四つの口とも呼ばれる地域で外部との関係を維持しており、世界の情報を得て対外的な危機に対応した。例えば、19世紀初頭におこったフェートン号事件などを機に、幕府は異国船打払令を出したが、1840年に始まる(a)アヘン戦争で清がイギリスに敗北した事を知ると異国船打払令を破棄し、天保の薪水給与令を出して外交政策を転換した。また、オランダからの情報でアメリカ合衆国のペリーの来訪を知り、武力行使による対抗は難しいと判断して武力衝突を避け、翌年日米和親条約を結んで開国した。

その後、江戸幕府にかわった明治政府は、(b)アジア諸地域が帝国主義諸国の植民地になっていくなか、殖産興業を進めて富国強兵をはかり、列強の利害関係を利用して独立維持につとめた。明治政府は薩摩・長州の２藩を中心とする藩閥政府であったが、そのなかで、第一国立銀行の創設者である渋沢栄一や、日清戦争において（　ウ　）の締結に尽力した外相の陸奥宗光ら、旧幕臣や薩長以外の藩出身の人びとの活躍もめざましかった。一方、自由民権運動の高まりを受けて大日本帝国憲法が制定され、さらに帝国議会が開催されて立憲制が確立した。その後、(c)南下政策を進めるロシアの脅威が高まると、イギリスと同盟を結んで日露戦争で勝利し、(d)朝鮮半島から満州（洲）にかけて勢力を拡大した。さらに、第一次世界大戦では連合国側で参戦して戦勝国となり、(e)パリ講和会議では人種差別禁止を訴えるなど国際社会での発言権が高まるとともに、国内では民主主義改革も進んだ。

しかし、1930年におこった昭和恐慌で経済が混乱するなか、国内では政党政治への不満が高まって軍部の政治支配が進み、軍部は大陸進出を進めて日本はしだいに国際的孤立を深めていった。そして、中国大陸でおこった（　エ　）を機に日中戦争が勃発してやがて(f)太平洋戦争へと突入し、結局、太平洋戦争に敗北した日本は多くの犠牲者を出して国土も荒廃した。しかし、戦後はＧＨＱの占領下でさまざまな改革が進められ、独立後は(g)西ドイツ（ドイツ連邦共和国）とともに奇跡的な経済復興をなしとげた。

問１　空欄（　**ア**　）・（　**イ**　）にあてはまる語句の組み合わせとして正しいものを、次の①～④のうちから一つ選べ。 41

①　**ア**―ロシア　　**イ**―リットン
②　**ア**―ロシア　　**イ**―ラクスマン
③　**ア**―フランス　**イ**―リットン
④　**ア**―フランス　**イ**―ラクスマン

問２　下線部(a)に関連して、アヘン戦争の南京条約でイギリスが獲得した領土の名称として正しいものを、次の①～④のうちから一つ選べ。 42

①　香港島　　②　澎湖諸島　　③　威海衛　　④　膠州湾

問３　下線部(b)に関連して、19世紀のアジア諸地域の情勢について述べた文として正しいものを、次の①～④のうちから一つ選べ。 43

①　インドでウラービー（オラービー）が反乱をおこした。
②　中国で陳独秀を中心に中国共産党が結成された。
③　ミャンマーでアギナルドが独立運動を指導した。
④　イランでタバコ＝ボイコット運動がおこった。

問４　空欄（　**ウ**　）にあてはまる語句として正しいものを、次の①～④のうちから一つ選べ。 44

①　天津条約　　②　ポーツマス条約　　③　ローザンヌ条約　　④　下関条約

問５　下線部(c)に関連して、19世紀以降のロシアについて述べた文として正しいものを、次の①～④のうちから一つ選べ。 45

①　クリミア戦争でオスマン帝国を支援した。
②　ニコライ２世が農奴解放令を出した。
③　アイグン条約でアムール川以北を獲得した。
④　バグダード鉄道の建設を進めた。

問６　下線部(d)に関連して、朝鮮で1884年に甲申政変（甲申事変）をおこした開化派（独立党）の指導者の名前として正しいものを、次の①～④のうちから一つ選べ。 46

①　李鴻章　　②　安重根　　③　金玉均　　④　李承晩

問７　下線部(e)に関連して、連合国がハンガリーと結んだ条約の名称として正しいものを、次の①～④のうちから一つ選べ。 47

①　サン＝ジェルマン条約　　②　トリアノン条約
③　ヌイイ条約　　④　マーストリヒト条約

問8　空欄（　エ　）にあてはまる語句として正しいものを、次の①～④のうちから一つ選べ。 48

①　盧溝橋事件　　②　二・二六事件　　③　ノモンハン事件　　④　天安門事件

問9　下線部(f)に関連して、太平洋戦争中の1943年にアメリカ合衆国・イギリス・中国の首脳が参加して対日戦略を討議した会談の名称として正しいものを、次の①～④のうちから一つ選べ。 49

①　テヘラン会談　　②　ポツダム会談　　③　ヤルタ会談　　④　カイロ会談

問10　下線部(g)に関連して、東方外交を推進した西ドイツ首相の名前として正しいものを、次の①～④のうちから一つ選べ。 50

①　アトリー　　②　ブラント　　③　サッチャー　　④　ド＝ゴール

歴史能力検定 第42回（2023年）
3級—世界史 解答・解説

1—①	2—③	3—②	4—②	5—③
6—②	7—②	8—④	9—④	10—①
11—④	12—③	13—②	14—①	15—③
16—①	17—②	18—④	19—③	20—②
21—④	22—②	23—④	24—②	25—①
26—③	27—①	28—④	29—②	30—①
31—①	32—③	33—②	34—②	35—①
36—②	37—④	38—③	39—①	40—④
41—②	42—①	43—④	44—④	45—③
46—③	47—②	48—①	49—④	50—②

1

1．④**b**のスフィンクスはエジプトの建造物。

2．①フェニキア人の海港都市国家。②エジプト中王国・新王国の都。④ミケーネ文明の中心地の一つ。

3．①８世紀頃にモンゴル高原で活躍した、トルコ系の騎馬遊牧民。③５～６世紀に、中央アジアで活躍した騎馬遊牧民。ササン朝のホスロー１世と突厥の挟撃により滅亡した。④エジプト中王国の末期にエジプトに侵入した民族。

4．①アケメネス朝の都はクテシフォンではなくスサ。クテシフォンはパルティア・ササン朝の都。③ユダ王国を滅ぼしたのは新バビロニア。④アケメネス朝ではなく、ササン朝で『アヴェスター』が編纂された。

5．①前４世紀のリキニウス・セクスティウス法で、コンスルのうち一人を平民から選ぶことなどが決定された。②ハンニバルは、ローマと戦ったカルタゴの武将。④ディオクレティアヌス帝ではなくコンスタンティヌス帝が、４世紀にミラノ勅令でキリスト教を公認した。ディオクレティアヌス帝は、キリスト教徒を弾圧した。

6．③④**イ**：レオン３世は、８世紀に聖像禁止令を出した皇帝。①③**ウ**：プロノイア制は、11世紀に始まる制度。

7．①ハンザ同盟に加盟した北ドイツの都市。③南ドイツの都市で、フッガー家が台頭した。④イタリアの内陸都市で、メディチ家が市政を支配した。

8．①ポーランド自主管理労組「連帯」の議長。後に大統領になった。②19世紀にハンガリーで独立運動を指導した人物。③第一次世界大戦後にポーランドを主導した政治家。

9．①南スラヴ系民族でカトリックを受容した。②西スラヴ系民族でベーメン王国を建てた。③北アフリカの民族で、イスラーム化してムラービト朝・ムワッヒド朝を建てた。

10．②1402年のアンカラの戦いで、ティムールに敗北した。③1453年にビザンツ帝国を滅ぼした。④19世紀前半、ギュルハネ勅令を発布してタンジマートを開始した。

2

11．①ミケランジェロの作品。②ボッティチェリの作品。③ブリューゲルの作品。

12．①アテネはイオニア人が建てたポリス。ドーリア人が建てたポリスはスパルタなど。②ソロンではなくクレイステネス。ソロンは財産政治などをおこなった。④ペリクレス時代には、成年男性が参加する民会を最高機関とする直接民主政が確立したが、女性や奴隷に参政権はなかった。

13．③④**ア**：ウマル＝ハイヤームは、『四行詩集（ルバイヤート）』で知られるイスラーム世界の詩人。①③**イ**：アウグスティヌスは、『神の国』を著したキリスト教の教父。

14．②明末清初の考証学者。③前漢時代の儒学者。④清末に戊戌の変法をおこなった人物。

15．③靖康の変ではなく靖難の役。靖康の変は、女真が建てた金が北宋を滅ぼした兵乱。

16．①Ⅰ・Ⅱとも正しい。

17．①モンテ＝コルヴィノではなくルブルック。モンテ＝コルヴィノは教皇の使者。③シャルル７世ではなく、ブルボン朝の創始者アンリ４世がナントの王令(勅令)を発した。④コルベールではなくリシュリュー。コルベールはルイ14世の財務総監。

18. ①弁証法を確立してドイツ観念論を大成した哲学者。②演繹法を唱えて、合理論の祖とされる哲学者。③「ドイツ国民に告ぐ」の講演をおこなったドイツの哲学者。

19. ③Ⅲ1789年のバスティーユ牢獄襲撃事件は、フランス革命の発端となった。Ⅰ８月10日事件は、立法議会の時代に、民衆がテュイルリー宮殿を襲ってルイ16世を捕えた事件。Ⅱ国民公会の時代に、テルミドール９日のクーデタ（テルミドールの反動）でロベスピエールが処刑された。

20. ①19世紀末にアメリカ＝スペイン（米西）戦争を指導した。③世界恐慌に対してニューディールを推進した。④19世紀前半の、初の西部出身の大統領。

3

21. ①ａのジャンク船は、おもに中国商人が使用した船。

22. ①ウマイヤ朝の軍隊が、トゥール・ポワティエ間の戦いで、カール＝マルテル率いるフランク王国に敗北した。③カージャール（ガージャール）朝時代の、19世紀前半の出来事。④アクバルはムガル帝国の皇帝。

23. ①ジャワ島西部のイスラーム教国。②アフリカのエチオピアで栄えた国。③インド南部のヒンドゥー教国。

24. ①元の都大都。③北宋の都開封。④南宋の都臨安。

25. ①Ⅰ・Ⅱとも正しい。

26. ①メキシコに栄えたアステカ王国の都。②西アフリカに栄えたマリ王国の、文化・経済の中心都市。④アフリカ北部の、ムラービト朝・ムワッヒド朝の都。

27. ①Ⅱ19世紀前半のジャクソン大統領時代。Ⅰ1860年に共和党のリンカンが大統領に当選し、翌年に南北戦争が勃発した。Ⅲ禁酒法の制定は1919年。

28. ①ａのリベリアはアメリカ合衆国の解放奴隷が建てた国で、イタリアの侵入は受けていない。

29. ③（**イ**）七年戦争は18世紀半ばにおこった戦争で、勝利したイギリスは、パリ条約（**ウ**）でカナダ・ミシシッピ川以東のルイジアナを、フランスから獲得した。

30. ②プルシャプラではなくパータリプトラ。プルシャプラはクシャーナ朝の都。③アショーカ王ではなくカニシカ王。アショーカ王はマウリヤ朝の王。④『マハーバーラタ』ではなく『シャクンタラー』。

4

31. ②長老派ではなく独立派。③チャールズ２世ではなくジェームズ２世。④メアリ２世ではなくアン女王の時代。

32. ①18世紀後半～19世紀前半。②19世紀末にアフリカで、イギリスの縦断政策とフランスの横断政策が対峙した事件。④18世紀半ば、七年戦争中に北インドでおこった戦い。

33. ①プロイセンの国王。③ハプスブルク家出身の神聖ローマ皇帝。④ロマノフ朝のロシア皇帝。

34. ①中世の騎士道物語。③バンヤンの作品。④モンテーニュの作品。

35. ②中世以来、フランスとドイツが争った領土。③19世紀のデンマーク戦争での係争地。④イタリアとオーストリアが争った「未回収のイタリア」と呼ばれた地域。

36. ②Ⅱコシューシコ（コシチューシコ）ではなくラ＝ファイエット。コシューシコはポーランドの愛国者。

37. ①唐代の８世紀におこった反乱。②19世紀末に朝鮮でおこった農民反乱。③19世紀後半に朝鮮でおこった反乱。

38. ②ｂのパレンバンはシュリーヴィジャヤ王国の都。

39. ②1846年。③1914年。④世界恐慌発生後の1932年。いずれもグラッドストン内閣の政策ではない。

40. ④Ⅲ1878年にビスマルクの仲介でベルリン会議が開催された。Ⅱ1899年に南アフリカ戦争をおこした。Ⅰ日露戦争中の1904年に英仏協商が結ばれた。

5

41. ③④**ア**：エカチェリーナ２世は18世紀のロシア皇帝であり、フランス皇帝ではない。①③**イ**：リットンは、柳条湖事件の際、国際連盟が派遣した調査団の団長。

42. ②下関条約で日本が獲得した領土。③1898年にイギリスが租借した領土。④ドイツが租借した領土。

43. ①インドではなくエジプト。②19世紀ではなく1921年の出来事。③アギナルドはフィリピンの活動家。

44. ①アロー戦争（第２次アヘン戦争）・清仏戦争などの講和条約。②日露戦争の講和条約。③第一次世界大戦後に、トルコのムスタファ＝ケマルが連合国と結んだ条約。

45. ①クリミア戦争でオスマン帝国と戦った。②ニコライ２世ではなくアレクサンドル２世。ニコライ２世はロシア革命で退位した、ロマノフ朝最後の皇帝。④３Ｂ政策を進めたドイツが、バグダード鉄道の敷設権を獲得した。

46. ①太平天国の乱で、淮軍を率いて乱の鎮圧にあたった人物。②1909年に伊藤博文を暗殺した人物。④1948年に成立した大韓民国の初代大統領。

47. ①オーストリアと結んだ条約。③ブルガリアと結んだ条約。④1992年に結ばれた条約で、これによって翌年ヨーロッパ連合（ＥＵ）が成立した。

48. ②1936年に日本陸軍の青年将校らがおこしたクーデタ事件。③1939年におこった日本軍とソ連・モンゴル軍の戦い。④1989年に中国で民主化運動が弾圧された事件。

49. ①1943年の英・米・ソ連の首脳会談。第二戦線構築を決定した。②1945年の英・米・ソ連の首脳会談。日本に無条件降伏を求めるポツダム宣言が出された。③1945年の英・米・ソ連の首脳会談。ソ連の対日参戦を決定した。

50. ①第二次世界大戦後、重要産業の国有化などを進めたイギリス首相。③第二次世界大戦後、国営企業の民営化などを実施したイギリス首相。④第二次世界大戦後に成立した、フランス第五共和政の初代大統領。

【写真提供】ユニフォトプレス

2023年11月

歴史能力検定 第42回

3級—日本史

——受験上の注意点——

1．試験監督者の試験開始の指示があるまで、問題用紙は開かないでください。
2．試験開始前に、解答用紙に必要事項を記入し、誤りがないか確認してください。
3．問題文は16ページまでありますので、落丁がないか、最初に確認してください。
4．解答用紙の受験番号欄には、必ず受験番号（10桁）をマークしてください。
※受験番号が正しくマークされていない場合は採点されません。
5．問題文には、各冒頭部分に問番号（問１、問２……）がついていますが、これとは別に、文末部分に四角で囲った番号がそれぞれついています（1、2、3……）。この四角で囲った番号に対応する解答欄に、解答をマークしてください。
なお、問番号と、四角で囲った番号とは、必ずしも一致しませんので、ご注意ください。
6．各問題には、正解肢が必ず１つあります。正解肢のない問題も、２つ以上正解肢のある問題もありません。正解と考える肢１つを選択し、該当番号をマークしてください。
マークの仕方や消し方が悪いと採点されませんので、次の事項に十分注意してください。
イ．記入はHB以上の鉛筆またはシャープペンシルを使用し、はっきりとわかるようにすること（サインペン・万年筆・ボールペンは不可）
ロ．訂正は消しゴムで跡が残らないように完全に消すこと
ハ．所定の場所以外に文字等を記入しないこと
ニ．解答用紙を折り曲げたり汚したりしないこと
7．試験時間中は、出題問題についての質問は受け付けません。
8．試験時間は50分です。
9．試験時間中に、トイレを使用する等でやむをえず席を立つ場合には、試験監督者の許可を受けた上で、隣の人の迷惑にならないよう静かに移動してください。
10．試験時間中の喫煙・飲食等を禁止します。
11．試験終了の合図があり次第、筆記用具をおき、試験監督者の合図があるまでは席を立たないでください。なお、質問、トイレのための退席等、理由の如何を問わず、試験時間は延長しません。
12．不正行為をした場合、答案は無効となります。

問題文の国名・人名・事件名などの表記は高等学校の教科書による。

——準会場（団体受験）で受験される方——
この問題冊子は試験終了後に回収します。試験当日の持ち帰りは禁止です。
再配布時期は団体責任者にご確認ください。

歴史能力検定協会

原始・古代の土地に関して述べた【A】〜【C】の文章を読み、あとの問いに答えなさい。

【A】 縄文時代晩期には、福岡県（　ア　）の水田跡などから、水稲農耕が始まっていたことが明らかにされている。食料生産の段階へと移行した(a)弥生時代には、余剰生産物や土地をめぐる争いが本格化し、古墳時代にはヤマト政権が各地に直轄領を設け、豪族も私有地を領有していたことが知られる。

645年の乙巳の変を経て、翌年に(b)孝徳天皇によって出された改新の詔では、公地公民制への移行をめざす政策方針が示された。改新の詔では戸籍・計帳・班田収授法についての条文が見られるが、実際に班田がおこなわれたのは、７世紀後半の(c)持統天皇の時代であった。

問１　空欄（　ア　）にあてはまる語句として正しいものを、次の①〜④のうちから一つ選べ。 1

①　三内丸山遺跡　　②　岩宿遺跡　　③　板付遺跡　　④　荒神谷遺跡

問２　下線部(a)に関連して述べた文として**誤っているもの**を、次の①〜④のうちから一つ選べ。 2

①　環濠集落は、弥生時代の争いに関係するものと考えられている。
②　中国史書の記述から、弥生時代の倭で争いがあったことが知られている。
③　ヤマト政権は、各地に屯倉を設けた。
④　豪族は、部曲と呼ばれる私有地を領有した。

問３　下線部(b)に関連して、孝徳天皇の時代に設けられた磐舟柵の場所として正しいものを、次の地図中の①～④のうちから一つ選べ。　3

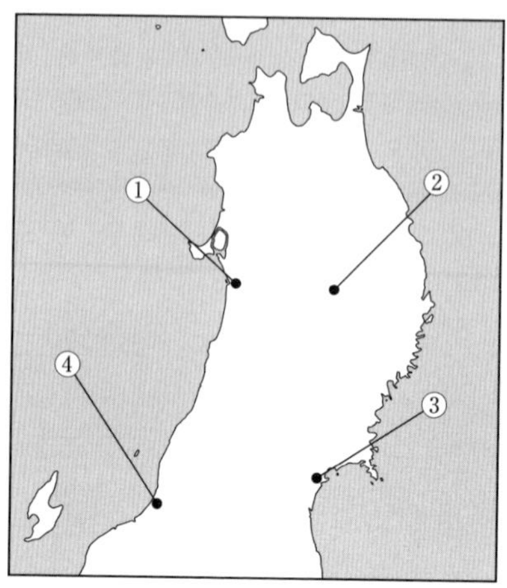

問４　下線部(c)に関連して、持統天皇の時代の政策について述べた文として正しいものを、次の①～④のうちから一つ選べ。　4

①　藤原京への遷都がおこなわれた。
②　庚午年籍が作成された。
③　憲法十七条が定められた。
④　小野妹子が中国に派遣された。

【B】 701年には大宝律令が完成し、710年には元明天皇のもとで平城京への遷都がおこなわれた。律令税制は、戸籍にもとづいて６歳以上の男女に(d)口分田を支給し、最低限の生活を保障したうえで労役などの負担を課すものであったが、人口増加により口分田が不足する事態が生じた。

そのため、(e)元正天皇の時代には、百万町歩の開墾計画を経て、三世一身法が出された。さらに、土地支配の強化をはかる積極的な政策であったとされる(f)墾田永年私財法が出されたが、一方で私有地拡大をうながす結果となり、初期荘園の成立につながった。

問５　下線部(d)に関連して、口分田などの収穫から３％程度の稲をおさめる税の名称を、次の①～④のうちから一つ選べ。　5

①　雑徭　　②　租　　③　調　　④　庸

問６　下線部(e)に関連して、元正天皇の時代の720年に成立した編纂(へんさん)物の名称を、次の①～④のうちから一つ選べ。　6

①　『古今和歌集』　　②　『日本書紀』　　③　『凌雲集』　　④　『令集解』

問７　下線部(f)に関連して、墾田永年私財法が出された年の出来事について述べた文として正しいものを、次の①～④のうちから一つ選べ。　7

①　大仏造立の詔が発布された。
②　和同開珎が鋳造された。
③　安和の変がおこった。
④　平等院鳳凰堂が完成した。

【C】 長岡京や(g)平安京に遷都したことで知られる桓武天皇は、6年1班であった班田の期間を12年1班に改めた。9世紀には財源を確保するため、大宰府には（　イ　）が設けられるなど、有力農民を利用した直営方式が採用された。

10世紀になると、田地を対象とする課税制度が定着し、任国に赴任する国司の最上席者である（　ウ　）は、田堵の耕作する田地である名を単位に、官物などを徴収するようになった。

問8 下線部(g)に関連して、次の作品は平安京に建てられた東寺（教王護国寺）に伝えられている文化財である。この文化財について述べた文として正しいものを、あとの①～④のうちから一つ選べ。 8

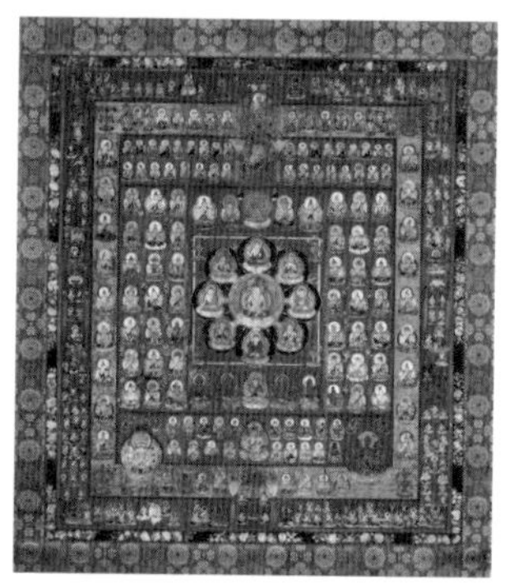

① 浄土教に関係する文化財である。
② 密教に関係する文化財である。
③ 鑑真がもたらした文化財である。
④ 定朝が制作した文化財である。

問9 空欄（　イ　）にあてはまる語句として正しいものを、次の①～④のうちから一つ選べ。 9

① 乗田　② 職田　③ 官田　④ 公営田

問10 空欄（　ウ　）にあてはまる語句として正しいものを、次の①～④のうちから一つ選べ。 10

① 国造　② 受領　③ 遙任　④ 在庁官人

中世の歴史書・歴史物語に関する次の表を見て、あとの問いに答えなさい。

歴史書(物語)	成立時期	関連事項
『今鏡』	1170年	(a)1025年から1170年までの歴史を記した歴史物語。『大鏡』・『水鏡』・『増鏡』とともに四鏡の1つ。作者は(b)歌人として知られる藤原為経とされる。
『吾妻鏡』	13世紀末～14世紀初頭	(c)鎌倉幕府の歴史を編年体で記した歴史書。(d)1180年から1266年までをあつかっている。編者は不明で、成立年も明確ではない。
『愚管抄』	1220年	九条兼実の弟で天台座主の（　ア　）の著。（　イ　）を前にして後鳥羽上皇らの計画をいさめるねらいもあって著したものとされている。
『元亨釈書』	1322年	(e)臨済宗の僧虎関師錬がまとめた漢文体の仏教史書。仏教伝来から(f)鎌倉時代末期までが対象とされ、仏教史の研究において、不可欠の書とされている。
『神皇正統記』	1339年	（　ウ　）が著し、後村上天皇に献じた書で、(g)南朝の正統性を主張した書として知られている。
『善隣国宝記』	1470年	瑞溪周鳳が(h)日本と朝鮮・中国との外交文書などをまとめたもので、外交史書とされている。

問1　下線部(a)の時期の出来事について述べた次のⅠ～Ⅲの文を読み、年代が古い順に正しく配列したものを、あとの①～④のうちから一つ選べ。　11

Ⅰ　鳥羽上皇（法皇）の死後、保元の乱がおこった。
Ⅱ　白河天皇が譲位して上皇となり、院政を開始した。
Ⅲ　後三条天皇によって、延久の荘園整理令が出された。

①　Ⅰ→Ⅱ→Ⅲ　　②　Ⅲ→Ⅱ→Ⅰ　　③　Ⅱ→Ⅰ→Ⅲ　　④　Ⅰ→Ⅲ→Ⅱ

問2　下線部(b)に関連して、歌人である藤原為経の子である藤原隆信について述べた文として正しいものを、次の①～④のうちから一つ選べ。　12

① 唐風の能筆家である。
② 似絵の名手である。
③ 正風連歌を確立した。
④ 猿楽能を大成した。

問3　下線部(c)に関連して、鎌倉幕府の機関として**誤っているもの**を、次の①～④のうちから一つ選べ。　13

① 侍所　② 政所　③ 記録所　④ 問注所

問4　下線部(d)に関連して、1180年に平氏が遷都した福原京が所在する国として正しいものを、次の①～④のうちから一つ選べ。　14

① 安芸国　② 近江国　③ 大和国　④ 摂津国

問5　空欄（ア）・（イ）にあてはまる語句の組み合わせとして正しいものを、次の①～④のうちから一つ選べ。　15

① ア―唯円　イ―承久の乱　② ア―唯円　イ―平治の乱
③ ア―慈円　イ―承久の乱　④ ア―慈円　イ―平治の乱

問6　下線部(e)に関連して、中世における臨済宗の僧について述べた文として**誤っているもの**を、次の①～④のうちから一つ選べ。　16

① 栄西は、『興禅護国論』を著し、建仁寺を開いた。
② 蘭溪道隆は、鎌倉時代に北条氏によって南宋から招かれた。
③ 無学祖元は、北条時宗によって招かれ、円覚寺を開いた。
④ 夢窓疎石は、足利尊氏の帰依を受け、慈照寺庭園をつくった。

問7　下線部(f)に関連して、鎌倉時代末期の1331年に討幕計画が発覚し、後醍醐天皇の隠岐への配流につながった政変の名称として正しいものを、次の①～④のうちから一つ選べ。　17

① 承和の変　② 元弘の変　③ 嘉吉の変　④ 明応の政変

問8　空欄（ウ）にあてはまる人物の名前として正しいものを、次の①～④のうちから一つ選べ。　18

① 北畠親房　② 一条兼良　③ 二条良基　④ 池坊専慶

問９　下線部(g)に関連して、南朝の天皇として正しいものを、次の①～④のうちから一つ選べ。 19

① 光明天皇　　② 光厳天皇　　③ 後亀山天皇　　④ 後小松天皇

問10　下線部(h)に関連して、中世における日朝関係・日中関係について述べた文として正しいものを、次の①～④のうちから一つ選べ。 20

① 鎌倉幕府は、高麗との間で正式な国交を開いた。
② 室町幕府は、李舜臣が朝鮮を建国すると、使者を派遣した。
③ 平氏によって、南宋に建長寺船が派遣された。
④ 足利氏によって、元に天龍寺船が派遣された。

近世の武家と天皇・朝廷に関する次の年表を見て、あとの問いに答えなさい。

年	出来事
	（　あ　）
1580	正親町天皇の仲裁で、(a)織田信長と石山本願寺の和議が成立する。
	（　い　）
1588	(b)豊臣秀吉によって、後陽成天皇が聚楽第に招かれる。
	（　う　）
1615	江戸幕府によって、(c)禁中並公家諸法度が出される。
1627	江戸幕府が（　え　）の紫衣勅許を無効とする。
	（　お　）
1710	(d)新井白石の建議により、閑院宮家が創設される。
1793	(e)閑院宮典仁親王の尊号宣下が停止される。

問1　（　あ　）の時期の出来事に関係する地図中の場所と、その説明文について述べた文として正しいものを、次の①～④のうちから一つ選べ。　21

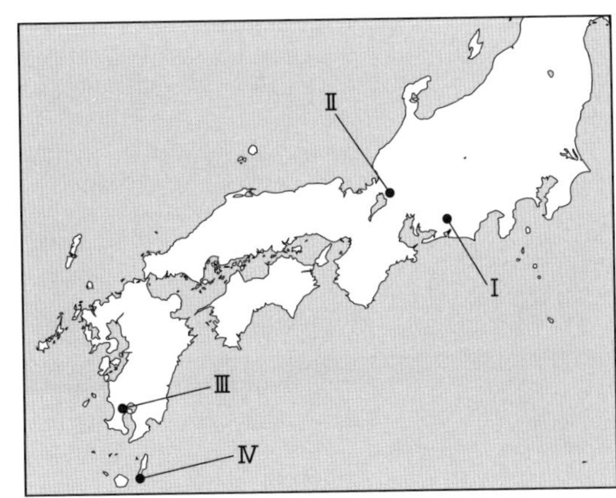

① Ⅰの場所でおこなわれた長篠合戦（長篠の戦い）で、武田勝頼の軍が敗れた。
② Ⅱの場所でおこなわれた姉川の戦いで、今川義元が敗死した。
③ Ⅲの場所には、スペイン船サン＝フェリペ号が漂着した。
④ Ⅳの場所には、オランダ船リーフデ号が漂着した。

問2　下線部(a)の織田信長によって将軍に擁立され、のちに京都から追放された、室町幕府15代将軍の名前として正しいものを、次の①～④のうちから一つ選べ。　22

① 足利義輝　② 足利義昭　③ 足利義教　④ 足利義尚

問3　（　い　）の時期の京都に関わる出来事として正しいものを、次の①～④のうちから一つ選べ。　23

① 北野大茶湯の開催　② 桂離宮の造営
③ 宝暦事件の発生　④ 古義堂の設立

問4　下線部(b)に関連して、豊臣秀吉と後陽成天皇について述べた文として正しいものを、次の①～④のうちから一つ選べ。　24

① 豊臣秀吉の命令で、ポルトガル船の来航が禁じられた。
② 豊臣秀吉は、長宗我部元親を降伏させて九州平定を実現した。
③ 後陽成天皇の命令で、慶長勅版が刊行された。
④ 後陽成天皇は、明正天皇に譲位して上皇となった。

問5　（　**う**　）の時期に富士川や高瀬川を開削した豪商の名前として正しいものを、次の①～④のうちから一つ選べ。 25

①　角倉了以　②　茶屋四郎次郎　③　末次平蔵　④　末吉孫左衛門

問6　下線部(c)に関連して、禁中並公家諸法度が出された年の出来事として正しいものを、次の①～④のうちから一つ選べ。 26

①　関ヶ原の戦い　②　慶長の役　③　大坂夏の陣　④　慶安の変

問7　空欄（　**え**　）にあてはまる天皇の名前として正しいものを、次の①～④のうちから一つ選べ。 27

①　光格天皇　②　霊元天皇　③　後水尾天皇　④　孝明天皇

問8　（　**お**　）の時期の社会や経済について述べた文として正しいものを、次の①～④のうちから一つ選べ。 28

①　金・銀・銭の三貨が各地に広まり、商品流通の発展がうながされた。
②　分業と協業によって商品を生産する問屋制家内工業が見られた。
③　村役人の不正を追及し、公正な村の運営を求める国訴が各地で頻発した。
④　大坂・江戸間の物資の輸送は、樽廻船にかわって菱垣廻船が担うようになった。

問9　下線部(d)に関連して、新井白石らが主導した正徳の政治について述べた文として正しいものを、次の①～④のうちから一つ選べ。 29

①　徳川家宣・徳川家継の時代に推進された。
②　側用人柳沢吉保の協力を得て推進された。
③　元禄小判が改められ、金の含有率を引き下げた正徳小判が鋳造された。
④　長崎貿易での取引量を増やすため、海舶互市新例が出された。

問10　下線部(e)の措置がとられたとき、幕政を主導していた人物の名前として正しいものを、次の①～④のうちから一つ選べ。 30

①　田沼意次　②　保科正之　③　水野忠邦　④　松平定信

小笠原諸島に関する先生と生徒の会話を読み、あとの問いに答えなさい。

生徒：ペリーは、日本に来航する前、(a)琉球だけでなく小笠原諸島にも訪れているのですね。
先生：日本との交渉が成立しなかった場合、琉球や小笠原諸島を領有するためであったといわれているよ。
生徒：教科書には、欧米系住民が定住していたこと、幕府が小笠原諸島に役人を派遣して領有を確認したことが記されていましたが、ペリーの動きと関係ありますか。
先生：ロシアの南下を背景に、幕府は(b)蝦夷地を日本の領土と認識するようになったといわれているから、ペリーの動きは影響を与えているだろうね。
生徒：1858年に締結された（　ア　）の批准書交換のため、1860年にアメリカに派遣された（　イ　）も、翌年に小笠原諸島をおとずれているのですね。
先生：(c)イギリスが小笠原諸島を領有したがっていて、アメリカがそれを牽制するといった事情があったみたいだね。「調査」という名目での派遣だったみたいだよ。
生徒：小笠原諸島の問題は、国内の問題といった体裁をとりたかったのでしょうね。でも、教科書には、幕府が領有を確認した後、役人は引き上げたと書いてありました。
先生：幕府には危機が生じていたし、(d)明治政府も1876年にようやく小笠原諸島の統治を再開するけれど、それまでは余裕がなかったのかもしれないね。
生徒：小笠原諸島には、(e)内務省の出張所がおかれたらしいですね。
先生：その後、1880年には東京府に移管されて、もともと住んでいた外国人は日本人へと帰化していったよ。父島には、小笠原島庁が設置されたんだ。
生徒：大正時代の小笠原諸島は、どのような状況にあったのでしょうか。
先生：大正時代から昭和時代初期にかけては、(f)製糖業・漁業・牧畜・羽毛採取などが盛んで、(g)昭和時代初期には軍隊が駐留したこともあって、経済的には栄えていたよ。
生徒：人口は今よりも多かったのでしょうか。
先生：現在は、特別な職務の人を除いて、父島・母島にしか人は住んでいないけど、聟(むこ)島・嫁島など、多くの島に人が住んでいたんだよ。
生徒：1919年に締結された（　ウ　）によって、赤道以北の旧ドイツ領南洋諸島が日本の委任統治領になったことも関係しているのでしょうか。
先生：かなり関係しているだろうね。きっと現在とは、まったく異なる国境感覚だっただろうしね。
生徒：しかし、（　エ　）の時に勃発した太平洋戦争で、状況は一変してしまうのですね。
先生：そうだね。とくに硫黄島の戦いについて、いろいろ調べてみるといいよ。

問1　下線部(a)について述べた次の文章を読み、波線部①～④のうちから**誤っているもの**を一つ選べ。 31

琉球王国は、17世紀初頭から、実質的に薩摩藩の支配下にありながら、名目的には清国を宗主国にするといった両属関係にあった。明治政府は琉球王国を日本領に組み込む方針をとり、1872年に琉球藩をおき、①尚泰を藩王とした。1871年の琉球漂流民殺害事件を機に②山東出兵を断行した政府は、さらに1879年に③沖縄県の設置を強行した。しかし、沖縄県では④旧慣温存策がとられ、土地制度や租税制度などの近代化は、すぐには実現しなかった。

問2　下線部(b)に関連して、北方と日露関係について述べた文として**誤っているもの**を、次の①～④のうちから一つ選べ。 32

① 1850年代に締結された日露和親条約では、択捉島以南が日本領とされた。
② 1890年代に締結された樺太・千島交換条約では、千島全島が日本領とされた。
③ 1900年代に締結されたポーツマス条約では、北緯50度以南の樺太が日本領とされた。
④ 1950年代に締結されたサンフランシスコ平和条約では、南樺太の放棄などが定められた。

問3　空欄（ア）・（イ）にあてはまる語句の組み合わせとして正しいものを、次の①～④のうちから一つ選べ。 33

① **ア**―日米和親条約　**イ**―咸臨丸　② **ア**―日米和親条約　**イ**―対馬丸
③ **ア**―日米修好通商条約　**イ**―咸臨丸　④ **ア**―日米修好通商条約　**イ**―対馬丸

問4　下線部(c)に関連して、明治時代の日英関係・日米関係について述べた次のⅠ～Ⅲの文を読み、年代が古い順に正しく配列したものを、あとの①～④のうちから一つ選べ。 34

Ⅰ　陸奥宗光外相のもとで、日英通商航海条約が締結された。
Ⅱ　アメリカは、門戸開放を唱え、日本の南満州（洲）権益の独占に反対した。
Ⅲ　ロシアとの緊張が強まるなかで、第1次日英同盟（日英同盟協約）が締結された。

① Ⅰ→Ⅱ→Ⅲ　② Ⅲ→Ⅱ→Ⅰ　③ Ⅱ→Ⅰ→Ⅲ　④ Ⅰ→Ⅲ→Ⅱ

問5　下線部(d)に関連して、明治政府によって1876年までに実施された政策として**誤っているもの**を、次の①～④のうちから一つ選べ。 35

① 廃藩置県の断行　② 地租改正の着手
③ 富岡製糸場の設立　④ 日本銀行の設立

問６　下線部(e)について述べた文として正しいものを、次の①～④のうちから一つ選べ。　36

①　1870年代に内務省が設けられ、薩摩藩出身の伊藤博文が内務卿に任じられた。
②　1890年代には、内務省の主催によって第１回内国勧業博覧会が開催された。
③　昭和時代初期には、内務省を中心に地方改良運動が推進された。
④　第二次世界大戦後、ＧＨＱの指示で内務省は廃止された。

問７　下線部(f)に関連して、製糖業が盛んだったことで知られる台湾は、清から日本に割譲された。台湾割譲を規定した条約の名称として正しいものを、次の①～④のうちから一つ選べ。　37

①　天津条約　　②　南京条約　　③　下関条約　　④　済物浦条約

問８　下線部(g)に関連して、昭和時代初期に補助艦制限を取り決めた海軍軍縮条約が締結された会議が開催された都市の名称として正しいものを、次の①～④のうちから一つ選べ。　38

①　パリ　　②　ロンドン　　③　ワシントン　　④　ジュネーヴ

問９　空欄（　ウ　）にあてはまる条約の名称として正しいものを、次の①～④のうちから一つ選べ。　39

①　ヴェルサイユ条約　　②　ポーツマス条約
③　四カ国条約　　④　九カ国条約

問10　空欄（　エ　）にあてはまる内閣として正しいものを、次の①～④のうちから一つ選べ。　40

①　平沼騏一郎内閣　　②　米内光政内閣
③　東条英機内閣　　④　鈴木貫太郎内閣

近現代の戦争と女性に関する次の文章を読み、あとの問いに答えなさい。

1901年、前年の(a)北清事変の事後処理のため、清国と関係諸国との間で、北京議定書が締結された。北清事変の戦線を慰問した奥村五百子の主唱で、同1901年、軍事援護事業を目的とする団体として、愛国婦人会が結成された。

一方、日露戦争が始まると、（　ア　）は、戦争への疑問と弟の無事を願う気持ちを、雑誌『明星』の1904年９月号に発表した。

大正時代の1914年に勃発した(b)第一次世界大戦は、国際社会において、女性の立場を大きく変化させた。ヨーロッパの参戦国では、戦争が長期化し、総力戦が展開されるなか、兵士となった男性の代替労働力として女性の社会進出が進んだ。このことは、女性参政権の獲得に大きな影響を与えたと考えられている。

(c)総力戦に直面しなかった日本では、第一次世界大戦期に民主主義的な風潮が世界的に高揚した影響もあって、(d)女性運動は活発化したものの、大正時代のうちに女性参政権が認められることはなかった。

昭和時代に入り、1930年代に奉天郊外でおこった（　イ　）を機に満州（洲）事変が勃発すると、翌年には大日本国防婦人会が結成された。(e)満州（洲）事変は1933年の塘沽停戦協定で一応終息したものの、1937年には日中戦争が始まった。

日中戦争開戦後、(f)総動員体制の構築が進められる一方で、日米関係が悪化し、1941年に太平洋戦争が勃発した。戦況の悪化を背景に、女性も「銃後」を守る存在として奉仕を求められるなか、1942年に大日本国防婦人会・愛国婦人会・大日本連合婦人会の団体が統合され、（　ウ　）が結成された。また、翌年には、14～25歳の未婚女性を（　エ　）に編成し、軍需工場などで働かせる勤労動員がおこなわれた。

第二次世界大戦後に制定された日本国憲法では平和主義が原則の１つとされ、1947年に改正された新民法では戸主制度が廃止され、男女同権の家族制度が定められた。この後、(g)冷戦が激化し、朝鮮戦争が勃発するなど、日本をとりまく国際情勢は緊張し、アメリカが1954年にビキニ環礁でおこなった水爆実験では、第五福龍丸が被爆した。これを機に、東京杉並区の主婦が始めた原水爆禁止運動は、急速に拡大していった。

問１　下線部(a)に関連して、「扶清滅洋」を唱え、北京の列国公使館を包囲した排外主義団体の名称として正しいものを、次の①～④のうちから一つ選べ。　41

①　独立党　②　義和団　③　東学　④　血盟団

問２　空欄（　ア　）にあてはまる人物の名前として正しいものを、次の①～④のうちから一つ選べ。　42

①　岸田俊子　②　与謝野晶子　③　平塚らいてう　④　景山英子

問３　下線部(b)に関連して、1880年代以降の国際情勢と第一次世界大戦について述べた文として**誤っているもの**を、次の①～④のうちから一つ選べ。　43

①　1880年代に、ドイツ・オーストリア・イタリアが三国同盟を結んだ。
②　日露戦争後、イギリス・フランス・ロシアの間で三国協商が締結された。
③　サライェヴォ事件を機に、セルビア・オーストリア両国の間で戦端が開かれた。
④　ヨーロッパで戦端が開かれると、アメリカは同盟国側に立って参戦した。

問４　下線部(c)に関連して、第一次世界大戦と日本の関わりについて述べた文として正しいものを、次の①～④のうちから一つ選べ。　44

①　寺内正毅内閣が参戦を決定した。
②　原敬内閣がシベリア出兵を決定した。
③　日本軍が遼東半島の青島を占領した。
④　中国に二十一カ条の要求をおこなった。

問５　下線部(d)に関連して、大正時代における女性運動と、昭和時代における女性参政権について述べた文として正しいものを、次の①～④のうちから一つ選べ。　45

①　山川菊栄・伊藤野枝らによって、白馬会が結成された。
②　樋口一葉らによって、青鞜社が結成された。
③　女性参政権を認める新選挙法は、浜口雄幸内閣時に公布された。
④　女性参政権を認める新選挙法は、第二次世界大戦後に公布された。

問６　空欄（　イ　）にあてはまる事件の名称として正しいものを、次の①～④のうちから一つ選べ。　46

①　盧溝橋事件　②　柳条湖事件　③　ハーグ密使事件　④　平頂山事件

問7 下線部(e)に関連して、次の新聞記事は、日中戦争開戦前に中国でおこった、日本に深く関係する事件をあつかっている。この記事の空欄 X にあてはまる都市の名前として正しいものを、あとの①～④のうちから一つ選べ。 47

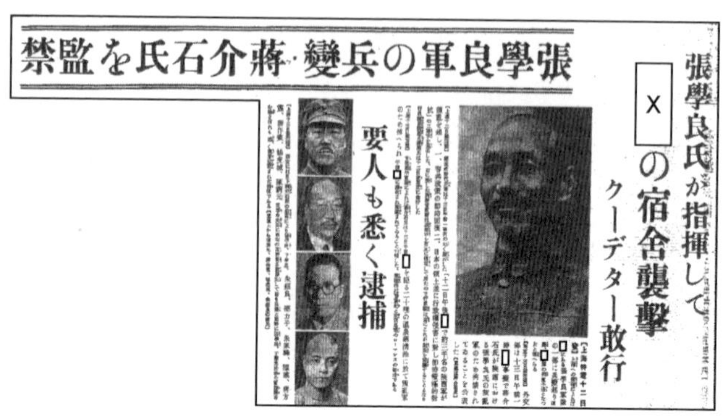

張學良軍の兵變・蔣介石氏を監禁

張學良氏が指揮して X の宿舍襲撃 クーデター敢行

要人も悉く逮捕

① 南京　② 北京　③ 重慶　④ 西安

問8 下線部(f)の時期の出来事について述べた次のⅠ～Ⅲの文を読み、年代が古い順に正しく配列したものを、あとの①～④のうちから一つ選べ。 48

Ⅰ 国家総動員法が制定され、国民生活は全面的に政府の統制下におかれた。
Ⅱ 日独伊三国同盟の締結と前後して、アメリカは屑鉄などの対日輸出禁止の措置をとった。
Ⅲ アメリカから日本に対し、ハル＝ノートが提示された。

① Ⅰ→Ⅱ→Ⅲ　② Ⅲ→Ⅱ→Ⅰ　③ Ⅱ→Ⅰ→Ⅲ　④ Ⅰ→Ⅲ→Ⅱ

問9 空欄（ ウ ）・（ エ ）にあてはまる語句の組み合わせとして正しいものを、次の①～④のうちから一つ選べ。 49

① ウ―新婦人協会　エ―ひめゆり隊　② ウ―新婦人協会　エ―女子挺身隊
③ ウ―大日本婦人会　エ―ひめゆり隊　④ ウ―大日本婦人会　エ―女子挺身隊

問10 下線部(g)に関連して、アメリカや西側陣営の動きについて述べた文として**誤っているもの**を、次の①～④のうちから一つ選べ。 50

① トルーマン＝ドクトリンが発表された。
② マーシャル＝プランが発表された。
③ 北大西洋条約機構（ＮＡＴＯ）が結成された。
④ ワルシャワ条約機構が結成された。

歴史能力検定 第42回（2023年）
3級—日本史 解答・解説

1—③	2—④	3—④	4—①	5—②
6—②	7—①	8—②	9—④	10—②
11—②	12—②	13—③	14—④	15—③
16—④	17—②	18—①	19—③	20—④
21—①	22—②	23—①	24—③	25—①
26—③	27—③	28—①	29—①	30—④
31—②	32—②	33—③	34—④	35—④
36—④	37—③	38—②	39—①	40—③
41—②	42—②	43—④	44—④	45—④
46—②	47—④	48—①	49—④	50—④

1

1．①三内丸山遺跡は青森県にある縄文時代の遺跡。②岩宿遺跡は群馬県にある旧石器時代の遺跡。④荒神谷遺跡は島根県にある弥生時代の遺跡。

2．④豪族の私有地は田荘。部曲は豪族の私有民。

3．④が７世紀半ばの孝徳天皇の時代に設けられた磐舟柵。①は８世紀に設けられた秋田城。②は９世紀初頭に設けられた志波城。③は８世紀に設けられた多賀城。

4．②庚午年籍は天智天皇の時代に作成された。③憲法十七条の制定と④小野妹子の派遣は、推古天皇の時代の政策。

5．①雑徭は土木工事や国府の雑用などに従事する労役。③調は諸国の特産物を中央政府におさめる税。④庸は労役である歳役10日のかわりに布を中央政府におさめる税。

6．①『古今和歌集』は905年、③『凌雲集』は814年、④『令集解』は９世紀後半に成立した。

7．②和同開珎が鋳造されたのは708年、③安和の変がおこったのは969年、④平等院鳳凰堂が完成したのは1053年。

8．②平安時代初期の弘仁・貞観文化期には、設問に用いた教王護国寺両界曼荼羅のような密教美術が発達した。

9．①乗田は口分田などを班給した残りの田。②職田は官職に応じて与えられた田。③官田は畿内に設けられた田。

10．①国造はヤマト政権下の地方官。③遙任は任国に赴任せず、目代などを派遣して収入を得る国司のこと。④在庁官人は現地の地方豪族などから任じられ、国衙で実務を担った官人。

2

11．Ⅲ延久の荘園整理令が出されたのは1069年。Ⅱ白河上皇が院政を開始したのは1086年。Ⅰ保元の乱がおこったのは1156年。

12．①唐風の能筆家として知られるのは三筆と呼ばれた嵯峨天皇・空海・橘逸勢。③正風連歌を確立したのは宗祇。④猿楽能を大成したのは観阿弥・世阿弥。

13．③記録所は朝廷のもとで設けられた。後三条天皇の延久の荘園整理令や建武の新政に際して設置されたものがよく知られている。

14．④福原京は摂津国の宮都。

15．『愚管抄』は慈円の著。唯円は『歎異抄』を著した。承久の乱は1221年におこった。平治の乱がおこったのは1159年。

16．④南北朝の動乱期に、夢窓疎石は西芳寺庭園、天龍寺庭園などをつくった。慈照寺庭園は東山文化期の庭園。

17．①承和の変は842年、③嘉吉の変は1441年、④明応の政変は1493年。

18．②一条兼良は15世紀の太政大臣・関白で、『公事根源』や『樵談治要』の著者。③二条良基は14世紀の北朝で摂政・関白・太政大臣を務め『菟玖波集』を残した。④池坊専慶は東山文化期に立花の名手として活躍した。

19．③後亀山天皇は、1392年、南北朝の合体時の南朝の天皇。

20．①日本と高麗との間で正式な国交は開かれなかった。②李舜臣ではなく李成桂が正しい。李舜臣は豊臣政権の朝鮮侵略の際、朝鮮水軍を率いて日本軍を苦しめた武将。③建長寺船は鎌倉幕府によって元に派遣された。

3

21. ②Ⅱは姉川。姉川の戦いでは織田信長の軍に浅井氏・朝倉氏が敗れた。今川義元が敗死したのは桶狭間の戦い。③Ⅲはフランシスコ＝ザビエルが1549年に上陸した鹿児島。スペイン船が最初に来航したのは1584年で、来航場所は平戸。サン＝フェリペ号は1596年に土佐に漂着した。④Ⅳは種子島。オランダ船リーフデ号が漂着したのは豊後国の臼杵湾。
22. ②足利義昭は1573年に京都から追放された。①足利義輝は13代、③足利義教は６代、④足利義尚は９代将軍。
23. ①北野大茶湯の開催は1587年。②桂離宮が造営されたのは17世紀前半。③宝暦事件が発生したのは1758年。④古義堂が設立されたのは1662年。
24. ①ポルトガル船の来航が禁じられたのは江戸時代の1639年。②九州平定では長宗我部元親ではなく島津義久を降伏させた。豊臣秀吉は四国平定で長宗我部元親を降伏させた。④明正天皇に譲位して上皇となったのは後水尾天皇。
25. ①角倉了以は1607年に富士川、1611年に高瀬川を開削した。②茶屋四郎次郎、③末次平蔵、④末吉孫左衛門は朱印船貿易に関わった。
26. ①関ヶ原の戦いは1600年、②慶長の役は1597～98年、④慶安の変は1651年。
27. ③江戸幕府は後水尾天皇の紫衣勅許を無効とした。
28. ②分業と協業によって手工業生産をおこなう工業形態は、工場制手工業（マニュファクチュア）。③村方騒動の説明。国訴は在郷商人らが株仲間などの流通独占に対し、自由販売を求めた合法的訴訟。④大坂・江戸間の南海路では、樽廻船が菱垣廻船を圧倒するようになった。
29. ②柳沢吉保ではなく間部詮房が正しい。③金の含有率を高めた正徳小判が鋳造された。④海舶互市新例は、長崎貿易での取引量を制限するために出された。
30. ④尊号宣下を停止した尊号一件は、松平定信による寛政の改革時におこった。

4

31. ②山東出兵ではなく台湾出兵が正しい。山東出兵は昭和時代初期の 1920 年代後半に断行された。
32. ②樺太・千島交換条約は、1875年に締結された。
33. 1858年に締結されたのは日米修好通商条約。日米和親条約は1854年に締結された。1860年に渡米したのは咸臨丸。対馬丸は、太平洋戦争末期の沖縄戦を前に、鹿児島へ疎開する児童を乗せたが、米軍に攻撃されて沈没した。
34. Ⅰ日英通商航海条約の締結は1894年。Ⅲ第１次日英同盟（日英同盟協約）の締結は1902年。Ⅱアメリカが日本の南満州（洲）権益の独占に反対したのはポーツマス条約が締結された1905年以降。日本は日露戦争の講和条約のポーツマス条約で、旅順・大連の租借権など満州（洲）権益をロシアから譲渡され、1906年には関東都督府を設置し、満鉄を設立した。
35. ④日本銀行の設立は1882年。①廃藩置県の断行は1871年。②地租改正の着手は1873年。③富岡製糸場の開設は1872年。
36. ①伊藤博文ではなく大久保利通。②第１回内国勧業博覧会は、1890年代ではなく1877年に開催された。③地方改良運動は、昭和時代初期ではなく明治時代末期に推進された。
37. ③清から日本への台湾割譲を規定していたのは下関条約。
38. ②補助艦制限を取り決めた条約は、1930年にロンドンで締結された。
39. ①1919年に締結されたのはヴェルサイユ条約。
40. ③太平洋戦争は、1941年、東条英機内閣時に勃発した。

5

41. ②「扶清滅洋」を唱えた排外主義団体は義和団。
42. ②与謝野晶子は、「君死にたまふこと勿れ―旅順口包囲軍の中に在る弟を歎きて」とする反戦詩を発表した。
43. ④アメリカは同盟国側ではなく、イギリス・フランス・ロシアの三国協商（連合国）側に立って参戦した。
44. ①参戦を決定したのは寺内正毅内閣ではなく第２次大隈重信内閣。②シベリア出兵を決定したのは原敬内閣ではなく寺内正毅内閣。③日本軍が占領した青島は、遼東半島ではなく山東半島の都市。
45. ①山川菊栄・伊藤野枝らによって結成されたのは赤瀾会。白馬会は洋画団体。②青鞜社が結成されたのは明治時代末期の1911年。青鞜社は平塚らいてうらによって結成された。樋口一葉は小説家。③女性参政権を認める新選挙法は、1945年12月、幣原喜重郎内閣時に公布された。
46. ②1931年に奉天郊外でおこったのは柳条湖事件。
47. ④1936年、張学良が蔣介石を監禁し、内戦停止と抗日を要求した西安事件をあつかった新聞。
48. Ⅰ国家総動員法が制定されたのは1938年。Ⅱ日独伊三国同盟が締結されたのは1940年。Ⅲハル＝ノートが提示されたのは1941年。
49. 1942年に結成されたのは大日本婦人会。新婦人協会は市川房枝らによって1920年に結成された。1943年に編成されたのは女子挺身隊。1945年３月の米軍の慶良間諸島上陸以降、沖縄戦が本格的に展開された。ひめゆり隊は、沖縄戦に際して組織・動員された。
50. 1947年に①トルーマン＝ドクトリンと呼ばれるソ連の封じ込め政策、②西欧諸国に対する復興・軍備強化の支援を内容とするマーシャル＝プランが発表された。1949年に西側では③北大西洋条約機構（ＮＡＴＯ）が結成され、東側では1955年に④ワルシャワ条約機構が結成された。

【写真所蔵・提供】「両界曼荼羅図胎蔵界」東寺所蔵　写真提供：株式会社便利堂（１－問８）／「東京朝日新聞」1936年12月13日２面　朝日新聞社（５－問７）

2023年11月

歴史能力検定 第42回

2級―世界史

――受験上の注意点――

1．試験監督者の試験開始の指示があるまで、問題用紙は開かないでください。
2．試験開始前に、解答用紙に必要事項を記入し、誤りがないか確認してください。
3．問題文は21ページまでありますので、落丁がないか、最初に確認してください。
4．解答用紙の受験番号欄には、必ず受験番号（10桁）をマークしてください。
　※受験番号が正しくマークされていない場合は採点されません。
5．問題文には、各冒頭部分に問番号（**問1**、**問2**……）がついていますが、これとは別に、文末部分に四角で囲った番号がそれぞれついています（［1］、［2］、［3］……）。この四角で囲った番号に対応する解答欄に、解答をマークしてください。
　なお、問番号と、四角で囲った番号とは、必ずしも一致しませんので、ご注意ください。
6．問題は［1］～［45］が正解肢を選ぶ問題、［46］～［50］が記述問題となっています。
　なお、記述問題の［46］～［50］は、正解肢を選ぶ問題の［1］～［45］の間に、割り込むように配置されています。必ずしも通し番号順に問題が並んでいませんので、ご注意ください。
7．［1］～［45］の正解肢を選ぶ問題には、正解肢が必ず1つあります。正解肢のない問題も、2つ以上正解肢のある問題もありません。正解と考える肢1つを選択し、該当番号をマークしてください。
　マークの仕方や消し方が悪いと採点されませんので、次の事項に十分注意してください。
　イ．記入はHB以上の鉛筆またはシャープペンシルを使用し、はっきりとわかるようにすること（サインペン・万年筆・ボールペンは不可）
　ロ．訂正は消しゴムで跡が残らないように完全に消すこと
　ハ．所定の場所以外に文字等を記入しないこと
　ニ．解答用紙を折り曲げたり汚したりしないこと
8．［46］～［50］の記述問題の解答は、解答欄右側の「記述（2級）」に書いてください。
9．記述問題で人名・事件名などを答える場合は、教科書や新聞などで一般的に使用されている名前を使用してください。
10．試験時間中は、出題問題についての質問は受け付けません。
11．試験時間は50分です。
12．試験時間中に、トイレを使用する等でやむをえず席を立つ場合には、試験監督者の許可を受けた上で、隣の人の迷惑にならないよう静かに移動してください。
13．試験時間中の喫煙・飲食等を禁止します。
14．試験終了の合図があり次第、筆記用具をおき、試験監督者の合図があるまでは席を立たないでください。なお、質問、トイレのための退席等、理由の如何を問わず、試験時間は延長しません。
15．不正行為をした場合、答案は無効となります。

問題文の国名・人名・事件名などの表記は高等学校の教科書による。

――準会場（団体受験）で受験される方――
この問題冊子は試験終了後に回収します。試験当日の持ち帰りは禁止です。
再配布時期は団体責任者にご確認ください。

歴史能力検定協会

中世から近世にいたるポーランドの歴史に関する次の文章を読み、あとの問いに答えなさい。

ポーランド人は、スラヴ人のうち西スラヴ人に属し、(a)6～7世紀頃、カルパティア山脈付近から平原地域に移動していったと考えられている。10世紀、カトリック布教を名目にスラヴ世界に進出するドイツ人に対して、ポーランドでは、ミェシュコ１世が(b)カトリックに改宗した。これが、11世紀にはポーランド王国となるピアスト朝の始まりである。14世紀には、大王と呼ばれるカジミェシュ（カシミール）３世のもとポーランド王国の都に(c)クラクフ大学が設置され、(d)ユダヤ人も招聘されるなど栄えたが、カジミェシュ３世が死去するとピアスト朝は断絶した。

一方、(e)オットー１世時代以降、エルベ川以東へのドイツ人のスラヴ人居住区への移住は、スラヴ人の反発もあり必ずしも順調ではなかった。しかし、当時異教徒であったスラヴ人のヴェンド人に対するヴェンド十字軍が、1147年に実施され、ヴェンド人が撃破されると、エルベ川以東へのドイツ人植民である東方植民が活発化した。12世紀には、アルブレヒト１世によって現在のベルリンを含む地域に（　**ア**　）辺境伯領が建てられた。さらに第３回十字軍の際に(f)パレスチナで成立したドイツ騎士団が、13世紀以降、東方植民を進め、異教徒であったバルト海沿岸に住むバルト語族の古プロイセン人を軍事的に征服し、この地にドイツ騎士団領を形成した。

このドイツ騎士団に対抗するため、リトアニア大公ヤゲウォとピアスト朝の血を引くポーランド女王ヤドヴィガが、1386年に結婚して、リトアニアとポーランドの(g)同君連合であるリトアニア＝ポーランド王国ヤゲウォ（ヤゲロー）朝が成立した。1410年にリトアニア＝ポーランド王国は、タンネンベルク（グルンバルト）の戦いでドイツ騎士団に対して決定的な勝利を収めた。この戦いに勝利したリトアニア＝ポーランド王国は、ドニエプル川をこえ、(h)西ウクライナを含む領域を支配する東ヨーロッパの大国となった。しかし、ヤゲウォ朝は1572年に断絶し、ポーランドでは国王は世襲ではなく、シュラフタと呼ばれる貴族の選挙によって選出される選挙王制となった。この選挙王制の時期のポーランドは、王政ながら「貴族の共和国」と呼ばれるようにシュラフタが議会を通じて国政を指導したが、徐々にスウェーデンやロシアなどの周辺諸国の干渉を招き、ポーランド王国は衰退し、18世紀末の(i)ポーランド分割で消滅した。

問1　下線部(a)に関連して、次の地図中の**a**～**d**のうちから、このときのポーランド人の移動した経路として正しいものを、あとの①～④のうちから一つ選べ。　1

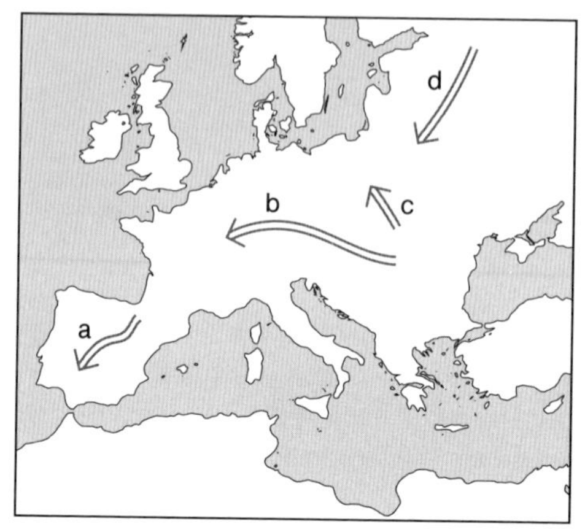

①　a　　②　b　　③　c　　④　d

問2　下線部(b)に関連して、カトリック教会の最高位の聖職者である教皇について述べた文として正しいものを、次の①～④のうちから一つ選べ。　2

①　十二使徒の筆頭とされるパウロは、初代ローマ教皇とされる。
②　教皇インノケンティウス３世は、フランス王フィリップ４世を破門して屈服させた。
③　教皇が、アヴィニョンとローマに並びたったときもあった。
④　16世紀に教皇によって制定された新しい太陽暦は、教皇の名からユリウス暦と呼ばれた。

問3　下線部(c)に関連して、クラクフ大学出身で、『天球回転論』のなかで地動説を唱えたポーランド人の名前として正しいものを、次の①～④のうちから一つ選べ。　3

①　ガリレイ　　②　ニュートン
③　ブルーノ　　④　コペルニクス

問４　下線部(d)について述べた文として正しいものを、次の①～④のうちから一つ選べ。　4

① ユダヤ人は、ヘブライ人とも呼ばれ、唯一神ヤハウェを信仰している。
② ユダヤ人は、バビロン第１王朝（古バビロニア王国）によってバビロンへの強制移住を強いられた。
③ ユダヤ人は、ローマ帝国に抵抗して一時ダヴィデ・ソロモン王のもと独立を維持した。
④ 16世紀にフランスで、多くのユダヤ人が殺害されるサンバルテルミの虐殺事件がおこった。

問５　下線部(e)の人物について述べた文として正しいものを、次の①～④のうちから一つ選べ。　5

① トゥール・ポワティエ間の戦いで、ウマイヤ朝を破った。
② メロヴィング朝の王を廃し、自ら王となりカロリング朝を開いた。
③ スペインに侵攻して、スペイン辺境伯領を建てた。
④ レヒフェルトの戦いで、マジャール人を撃退した。

問６　空欄（　ア　）にあてはまる語句を記せ。　46

問７　下線部(f)に関連して、国際連合でパレスチナ分割案が決議された時期として正しいものを、次の表中の①～④のうちから一つ選べ。　6

①
アラブ連盟（アラブ諸国連盟）が成立した。
②
パレスチナ戦争（第１次中東戦争）が勃発した。
③
エジプトのナセルが政権を掌握した。
④

問8 下線部(g)について述べた次の文章を読み、空欄（　**イ**　）・（　**ウ**　）にあてはまる語句の組み合わせとして正しいものを、あとの①～④のうちから一つ選べ。 7

同君連合とは、君主政の国家が同じ君主のもとで連合することで、ヨーロッパ諸国ではリトアニア＝ポーランド王国以外でもしばしば見られる。14世紀に成立したデンマーク王を中心とする（　**イ**　）同盟や、17世紀に（　**ウ**　）の王ジェームズ６世がイングランド王ジェームズ１世として即位したことなどが同君連合の事例である。

① **イ**―ハンザ　**ウ**―スコットランド
② **イ**―ハンザ　**ウ**―アイルランド
③ **イ**―カルマル　**ウ**―スコットランド
④ **イ**―カルマル　**ウ**―アイルランド

問9 下線部(h)の西ウクライナについて述べた次のⅠ・Ⅱの文を読み、正誤の組み合わせとして正しいものを、あとの①～④のうちから一つ選べ。 8

Ⅰ　この地は、13世紀から14世紀にかけてモンゴルのチャガタイ＝ハン国（チャガタイ＝ウルス）の統治下におかれた。
Ⅱ　この地は、スウェーデンのカール12世に勝利したモスクワ大公イヴァン３世の侵攻を受けた。

① Ⅰ―正　Ⅱ―正　② Ⅰ―正　Ⅱ―誤
③ Ⅰ―誤　Ⅱ―正　④ Ⅰ―誤　Ⅱ―誤

問10 下線部(i)について述べた文として正しいものを、次の①～④のうちから一つ選べ。 9

① 第１回ポーランド分割は、ロシアとプロイセンとオーストリアによっておこなわれた。
② 第２回ポーランド分割は、プロイセンとオーストリアによっておこなわれた。
③ 第３回ポーランド分割には、フランスも参加した。
④ ポーランド分割によって消滅したポーランド王国は、約100年後に復活した。

中国との交易・交流の歴史に関する【A】・【B】の文章を読み、あとの問いに答えなさい。

【A】あるクラスで、地図を見ながら、日本と大陸との交易・交流ルートについての授業がおこなわれている。

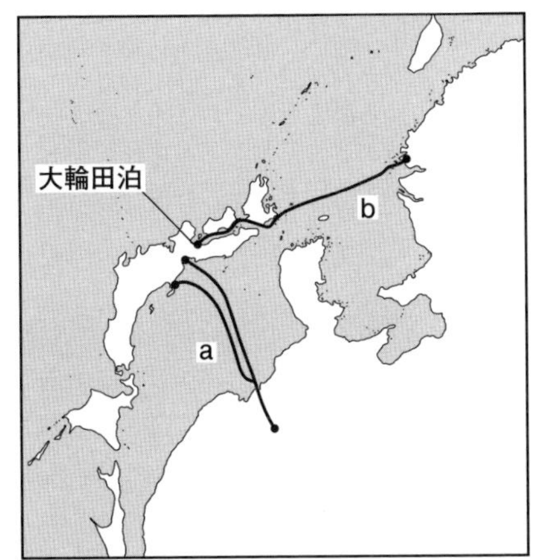

先生：これは、日本列島とユーラシア大陸東岸の地図です。a・bの線は、日本と大陸との間の交易・交流ルートです。

牧野：この地図は、北と南を逆にしているのですね。

堀内：南北を逆にすると日本列島の印象が随分かわります。

先生：そうですね。日本列島が、ユーラシア大陸と連なっていることがよくわかりますね。それゆえ、(a)日本は古代から大陸の影響を受けてきました。

西田：aの交易・交流ルートは、いつ頃のルートなのですか。

先生：８世紀頃のものです。

堀内：では、aのルートは、（　ア　）ですね。

先生：よく知っていますね。その通りです。８世紀頃の大陸と日本の交易・交流ルートというと(b)遣唐使が有名ですが、aのルートでも日本は大陸と結びついていたのです。

堀内：bのルートも８世紀のルートですか。

先生：bのルートは、時代は少しくだって12世紀末頃のものです。日本最初の武家政権である平氏政権は、積極的に（　イ　）と交易するため、摂津の港である大輪田泊を大修築しました。

牧野：鎌倉幕府第３代将軍である源実朝も（　イ　）へ渡るため、（　イ　）出身の陳和卿に命じて巨大な船を建造しようとしたそうです。

西田：そういえば、北条時宗が執権のとき、(c)モンゴルのフビライが攻めてきますよね。それ以降、鎌倉幕府の時期は、日本と元との文化的・経済的な交流はなかったのでしょうか。

先生：そんなことはありません。鎌倉幕府が公認する民間の貿易船の交易・交流はありました。また、一山一寧という元から来日した臨済宗の禅僧もいます。

牧野：平和であればこそ、交易・交流が進むのですね。

問１　下線部(a)に関連して、中国王朝から金印を授けられたとされる人物について述べた文として正しいものを、次の①～④のうちから一つ選べ。　10

① 倭の奴の国王は、前漢の武帝から漢委奴国王の金印を授けられた。
② 邪馬台国の卑弥呼は、三国の魏の曹叡から金印を授けられた。
③ 豊臣秀吉は、明王朝の洪武帝から金印を授けられた。
④ 徳川家康は、明王朝の万暦帝から金印を授けられた。

問２　空欄（　ア　）にあてはまる語句として正しいものを、次の①～④のうちから一つ選べ。　11

① タングートの李元昊が建国した西夏との交易ルート
② 女真の完顔阿骨打が建てた金との交易ルート
③ ソンツェン＝ガンポを創始者とする吐蕃との交易ルート
④ 上京竜泉府を都とする渤海との交易ルート

問３　下線部(b)に関連して、最初の遣唐使は、630年に派遣された。この遣唐使を迎えた唐の皇帝は誰か。その皇帝の姓名を漢字３字で記せ。　47

問４　空欄（　イ　）の王朝について述べた文として正しいものを、次の①～④のうちから一つ選べ。　12

① 契丹（遼、キタイ）に燕雲十六州を割譲した。
② 塩の密売商人である黄巣が反乱をおこした。
③ 会子と呼ばれる紙幣が発行された。
④ 九品中正が廃止され、学科試験による官僚登用制度が初めて実施された。

問５　下線部(c)の時代に大都を訪れたとされる人物の名前とその人物の事績の組み合わせとして正しいものを、次の①～④のうちから一つ選べ。　13

①　マルコ＝ポーロ――――『坤輿万国全図』を作成した。
②　マルコ＝ポーロ――――帰国後、大モンゴル国（モンゴル帝国）に関する旅行記を残した。
③　マテオ＝リッチ――――『坤輿万国全図』を作成した。
④　マテオ＝リッチ――――帰国後、大モンゴル国（モンゴル帝国）に関する旅行記を残した。

【Ｂ】あるクラスで、イギリスと清朝との交易・交流についての授業がおこなわれている。（史料は一部省略したり、書き改めたりしたところがある。）

先生：次の地図は、イギリスのマカートニー使節団の航路図です。マカートニーは、1792年９月にイギリスのスピットヘッドを出港し、翌年の1793年7月には、清に到着します。

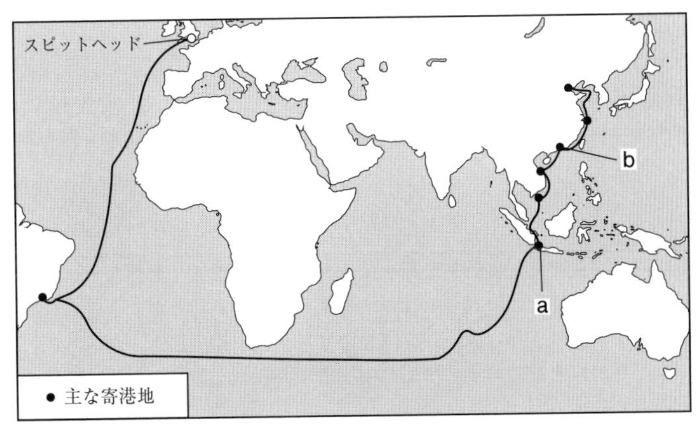

マカートニー使節団の航路図

加藤：マカートニー使節団は、途中（　ウ　）と（　エ　）を通っていますね。
大村：マレー半島先端にある(d)シンガポールには寄らないのですか。
先生：現在のようなシンガポールは、当時まだ存在しませんからね。
大村：そうなんですか。知らなかった。
先生：では、次の**史料１**、マカートニーの『中国訪問使節日記』を読んでみてください。マカートニーが清朝の高官と皇帝との謁見の儀礼について交渉している箇所です。どんなことがわかりますか。

史料1

私は、彼ら（注1）に向かって、自国の君主に対してささげる以上の敬意を外国の君主にささげることを大使たるものに期待するのは不自然である（中略）と述べた。すると彼らは、イギリス国王に対する拝謁の儀礼はどういうものかとたずねた。私は、片膝でひざまずいて陛下の手に口づけするというやり方であると述べた。（中略）彼らは十分に納得した様子で引き取った。（中略）まもなく欽差（注2）がやって来て、結局イギリス式儀礼を採ることに決定したと言明した。ただ、皇帝の手に口づけするということは中国の習慣ではないから、（中略）皇帝の手に口づけすることは省かなければならないと彼らは述べた。これに私は同意し「御希望のようにいたしましょう。しかし、忘れないで頂きたいのは、口づけの省略はあなた方の方でなさったことだということです。」（と述べた。）

（注1）清朝の高官。（注2）皇帝の使節のこと。

大村：（　**オ**　）と思います。

先生：その通りです。よくできましたね。

増田：結局、マカートニーの交渉はうまくいったのでしょうか。

先生：マカートニーにとっては残念なことですが、貿易の拡大などは清朝側が拒否します。

池田：拒否された後イギリスはどうしたのでしょう。

先生：マカートニーは、交渉がうまくいかなかったあと、同じ日記のなかで次の**史料2**のように述べています。

史料2

もし中国人が腹を立てて貿易を停止するか、それでなくても何か大きな損害をわれわれに与えた場合、われわれはやすやすと復讐することができるだけの手段をもっている。というわけは、二、三隻のフリゲート艦（注3）があれば二、三週間で海南島から北直隷湾までの間の中国沿岸の海上交通を全面的に破壊することが可能であろう。

（注3）軍艦の艦種の一つ。

先生：ただ、こう記していても、マカートニーは実際にはこのような考えには批判的だったようです。しかし、ⓔマカートニーが皇帝に謁見してから40数年後、イギリスは、マカートニーが批判的だった**史料2**にあるような戦争をおこないます。

問６　**史料１**にあるマカートニーが謁見した皇帝について述べた文として正しいものを、次の①〜④のうちから一つ選べ。　14

① 鄭氏台湾を滅ぼし、台湾を清朝の直轄領とした。
② 国境の画定などを取り決めたキャフタ条約をロシアと締結した。
③ 軍機処を廃止して内閣大学士を設置した。
④ 『四庫全書』を編纂させた。

問７　空欄（　**ウ**　）と（　**エ**　）にあてはまる語句の組み合わせとして正しいものを、次の①〜④のうちから一つ選べ。　15

① **ウ**—**a**のポルトガルの拠点バタヴィア　**エ**—**b**のオランダの拠点マカオ
② **ウ**—**a**のオランダの拠点バタヴィア　**エ**—**b**のポルトガルの拠点マカオ
③ **ウ**—**a**のイギリスの拠点ボンベイ　**エ**—**b**のポルトガルの拠点マニラ
④ **ウ**—**a**のイギリスの拠点ボンベイ　**エ**—**b**のイギリスの拠点マニラ

問８　下線部(d)について述べた次のⅠ・Ⅱの文を読み、正誤の組み合わせとして正しいものを、あとの①〜④のうちから一つ選べ。　16

Ⅰ　19世紀前半にマラッカ、ペナンと海峡植民地を形成した。
Ⅱ　1970年代にイギリスから独立し、リー＝クアンユーのもと経済発展に成功した。

① Ⅰ—正　Ⅱ—正　② Ⅰ—正　Ⅱ—誤
③ Ⅰ—誤　Ⅱ—正　④ Ⅰ—誤　Ⅱ—誤

問９　**史料１**を参考に、空欄（　**オ**　）にあてはまる文として正しいものを、次の①〜④のうちから一つ選べ。　17

① マカートニーは、皇帝に対してイギリス式儀礼ではなく、中国式の平伏を強制されたと考えられる
② マカートニーは、皇帝に対して片膝をひざまずく儀礼をおこなったと考えられる
③ マカートニーは、皇帝に対して片膝をひざまずき、皇帝の手に接吻をするイギリス式儀礼をおこなったと考えられる
④ マカートニーは、皇帝に対して一切の儀礼はおこなわないと宣言したと考えられる

問10　下線部(e)の戦争について述べた文として正しいものを、次の①〜④のうちから一つ選べ。　18

① この戦争の講和条約で上海・福州など５港が開港した。
② この戦争の講和条約により、総理各国事務衙門が設置された。
③ この戦争の講和条約により、外国公使が北京に駐在することとなった。
④ この戦争の講和条約により、外国軍が北京に駐留することとなった。

仏教の成立と仏教の伝来に関する次の文章を読み、あとの問いに答えなさい。

仏教を開いたガウタマ＝シッダールタは、現在のネパールのシャカ族の王子としてルンビニで生まれた。生誕の年代は明確でなく、前6世紀か前5世紀と推定されている。29歳で出家をし、35歳で悟りを得て、(a)サンスクリット語で「悟った者」を意味する仏陀（ブッダ）となった。その後、シッダールタは、80歳で入滅するまで、伝道活動を続けるが、このシッダールタを支えた人物の一人が、マガダ国の王であったビンビサーラである。ビンビサーラは、シッダールタと同じ時代を生きた人物として伝えられている。ビンビサーラは、仏教に帰依し、都のラージャグリハに最初の仏教寺院となる竹林精舎を建立した。ビンビサーラの息子アジャータシャトルも、シッダールタ入滅後に500人の弟子である「五百羅漢」がおこなったシッダールタの教えを編集する仏典結集を援助したといわれている。このようにインドにおける初期仏教の普及には、ビンビサーラやアジャータシャトルのようなクシャトリヤ階層の人びとの保護が大きな役割を果たした。仏教は、(b)マウリヤ朝、クシャーナ朝、グプタ朝、ヴァルダナ朝と歴代王朝の支援を受け、また、『中論』を著した（　ア　）によって大乗仏教が理論化されるなど発展した。しかしインドでは、その後のヒンドゥー教の広まりによって徐々に衰え、11世紀の(c)イスラーム勢力の侵入によってさらに衰退していった。

一方、中国に仏教が西域から伝来したのは、紀元前後のことと推定され、(d)安息の王族であった安世高は、2世紀に経典の漢訳をおこなっている。また、鳩摩羅什（クマラジーヴァ）も多くの経典を漢訳した人物の一人である。鳩摩羅什は、インド出身者を父として、西域のオアシス都市（　イ　）で生まれ、幼くして出家して多くの経典を学んだ。(e)五胡十六国の一つである後秦の姚興によって中国に招かれ、サンスクリット語の経典を漢訳した。鳩摩羅什は、漢訳するとき一語一語の逐語訳にこだわらず、全体的な意味から言葉を選択し、「極楽」などという仏教用語をつくり出し、仏教を中国に根づかせるのに貢献した。

その後、仏教は、(f)朝鮮半島から仏像や経典がもたらされたことにより日本に公式に伝来した。これは、(g)6世紀の欽明天皇の治世であったと考えられている。仏教の受容をめぐっては、崇仏派と排仏派の間で論争がおこり、寺院を建立して仏教の受容に積極的であった蘇我氏と日本古来の神の崇拝を重視する物部氏との(h)政治的な権力闘争に発展した。結局、蘇我氏は物部氏に勝利し、仏教の受容は決定的となり、蘇我氏は、仏教を用いて国家形成することをめざした。

問１　下線部(a)の文学について述べた次のⅠ・Ⅱの文を読み、正誤の組み合わせとして正しいものを、あとの①～④のうちから一つ選べ。　19

Ⅰ　フィルドゥシー（フィルドゥーシー）は、サンスクリット語で戯曲『シャクンタラー』を著した。
Ⅱ　『マハーバーラタ』や『ラーマーヤナ』などの叙事詩が、サンスクリット語でまとめられた。

①　Ⅰ―正　Ⅱ―正　　②　Ⅰ―正　Ⅱ―誤
③　Ⅰ―誤　Ⅱ―正　　④　Ⅰ―誤　Ⅱ―誤

問２　下線部(b)の王朝の君主について述べた文として**誤っているもの**を、次の①～④のうちから一つ選べ。　20

①　マウリヤ朝のアショーカ王は、ダルマ（法）による統治をおこなった。
②　クシャーナ朝のカニシカ王は、都をプルシャプラにおき、ガンジス川全域を支配した。
③　グプタ朝のチャンドラグプタ２世は、北インド一帯を支配領域とした。
④　ヴァルダナ朝のハルシャ王の治世期に中国から玄奘が訪れた。

問３　空欄（　ア　）にあてはまる人物の名を漢字２字で記せ。　48

問４　下線部(c)に関連して、イスラーム教とイスラーム王朝について述べた文として正しいものを、次の①～④のうちから一つ選べ。　21

①　イスラーム教のイスラームとは、救世主を意味し、ムハンマドの別名である。
②　イスラーム教の分派であるスンナ派（スンニー）は、アリーとアリーの子孫を絶対的な指導者とする。
③　イスラーム世界は、８世紀には政治的に分裂し、エジプトには、後ウマイヤ朝が成立した。
④　セルジューク朝のトゥグリル＝ベクは、バグダードに入城し、アッバース朝のカリフからスルタンの称号を得た。

問５　下線部(d)と中国で呼称されたイラン系王朝の名前として正しいものを、次の①～④のうちから一つ選べ。　22

①　アケメネス朝　　②　パルティア
③　ササン朝　　④　サファヴィー朝

問6 空欄（ **イ** ）にあてはまる都市の名称と、その都市の位置を示した次の地図中の**a**または**b**との組み合わせとして正しいものを、あとの①～④のうちから一つ選べ。 23

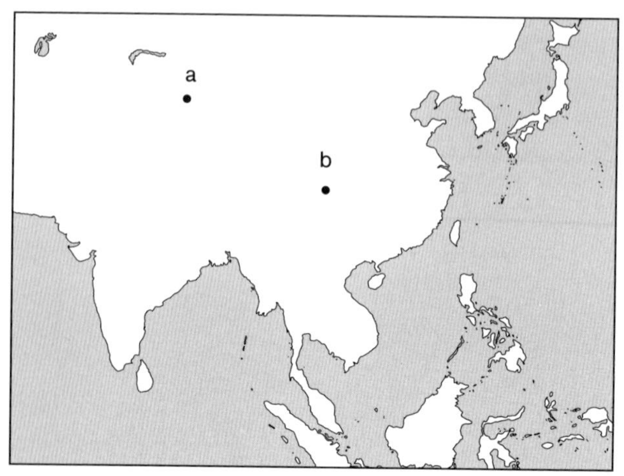

① 亀茲（クチャ）—a　② 亀茲（クチャ）—b
③ 成都—a　④ 成都—b

問7 下線部(e)に関連して、五胡に含まれる民族の名称の組み合わせとして正しいものを、次の①～④のうちから一つ選べ。 24

① 羯、突厥、鮮卑　② 鮮卑、柔然、羌
③ 鮮卑、氐、羌　④ 氐、柔然、羯

問8 下線部(f)に関連して、仏教公伝について述べた文として正しいものを、次の①～④のうちから一つ選べ。 25

① 朝鮮半島東南部に位置する高句麗から、日本に仏像や経典がもたらされた。
② 朝鮮半島西南部に位置する百済から、日本に仏像や経典がもたらされた。
③ 開城を都として朝鮮半島を統一していた高麗から、日本に仏像や経典がもたらされた。
④ 漢城を都として朝鮮半島を統一していた朝鮮王朝から、日本に仏像や経典がもたらされた。

問9　下線部(g)の世紀の出来事について述べた文として正しいものを、次の①～④のうちから一つ選べ。　26

① フランク王国が、ブルグンド王国を滅ぼした。
② コンスタンティヌス帝によってニケーアで公会議が開催された。
③ ビザンツ皇帝レオン３世が、聖像禁止令を発布した。
④ ギリシアの内戦であるペロポネソス戦争が勃発した。

問10　下線部(h)に関連して、政治に関する著作について述べた文として正しいものを、次の①～④のうちから一つ選べ。　27

① アリストテレスの弟子プラトンは、『国家』を著し、民主政を批判した。
② イギリスのホッブズは、『リヴァイアサン』のなかで、自然状態では、「万人の万人に対する闘い」となると主張した。
③ スイス出身のルソーは、『法の精神』を著し、イギリス政治を肯定的に評価した。
④ マルクスは、ベンサムとともに『資本論』を著し、「最大多数の最大幸福」の重要性を訴えた。

鉄道の歴史に関する【A】・【B】の文章を読み、あとの問いに答えなさい。

【A】 鉄道発祥の地であるイギリスでは、穀物法が廃止された（　ア　）年代の10年間で、鉄道営業キロ数が約4倍になるなど、急速にイギリス国内の鉄道網が整備されていった。さらにイギリスは、自国での鉄道整備と並んで、植民地化を進めていた地域でも鉄道を建設した。インドでは、アジア初の鉄道がボンベイ（ムンバイ）と郊外のターナ（ターネー）間に建設された。イギリスがインドに鉄道を敷設した理由は、おもに内陸部で栽培された(a)綿花などを近くの港まで輸送するためであった。このため、インドの主要都市を結ぶことは、あまり考慮されず、それぞれの地域で広軌や狭軌などさまざまな軌道の鉄道が敷設された。一方アフリカでは、ケープ植民地の首相（　イ　）が、ケープタウンとエジプトの（　ウ　）を結ぶアフリカ大陸を縦断する鉄道建設の構想をもっていた。しかし、このケープ＝（　ウ　）鉄道は、(b)エジプト領内の路線やワジハルファとハルツームを結ぶ(c)スーダン内の路線などは建設されたものの、結局全路線が敷設されることはなかった。

問1　空欄（　ア　）にあてはまる年代として正しいものを、次の①～④のうちから一つ選べ。 **28**

①　1820　　②　1840　　③　1860　　④　1880

問2　下線部(a)に関連して、綿花と綿織物について述べた文として波線部の正しいものを、次の①～④のうちから一つ選べ。 **29**

①　綿花の種とワタの繊維を分離する綿繰り機は、アメリカ合衆国のホイットニーが発明した。
②　ハーグリーヴズは、綿糸をつくり出す工程に改良を加えたミュール紡績機を生み出した。
③　綿織物の大量生産が可能となるのは、カートライトの飛び梭の普及を待たなければならなかった。
④　ワットが実用化した蒸気機関は、18世紀前半には綿織物の生産に利用された。

問3　空欄（　イ　）・（　ウ　）にあてはまる語句の組み合わせとして正しいものを、次の①～④のうちから一つ選べ。 30

①　イ―ゴードン　ウ―カイロ　　②　イ―ゴードン　ウ―バグダード
③　イ―ローズ　ウ―カイロ　　④　イ―ローズ　ウ―バグダード

問4　下線部(b)に関連して、イギリスは事実上エジプトを植民地化するが、その理由の一つに、スエズ運河の確保があった。スエズ運河が完成した時期として正しいものを、次の表中の①～④のうちから一つ選べ。 31

①
ムハンマド＝アリーがエジプト総督となった。
②
ルイ＝ナポレオンが皇帝となり第二帝政が始まった。
③
第２次アフガン戦争によってイギリスがアフガニスタンを保護国化した。
④

問5　下線部(c)の路線は、イギリスの軍人キッチナーが、ある勢力に対抗するために建設を進めた。ある勢力について述べた文として正しいものを、次の①～④のうちから一つ選べ。 32

①　オランダ人などの子孫であるブール人（アフリカーナー）の勢力に対抗するため。
②　ムハンマド＝アフマドが開始したマフディー運動の勢力に対抗するため。
③　アリー＝ムハンマドが開いたバーブ教徒の勢力に対抗するため。
④　傭兵であるシパーヒーの反乱勢力に対抗するため。

【B】　広大な領域をもつアメリカ合衆国では、移動手段としての鉄道が早くから注目され、イギリスのスティーヴンソンが、(d)リヴァプールとマンチェスター間で営業運転を開始した年には、アメリカ合衆国でもボルチモア＝アンド＝オハイオ鉄道で最初の蒸気機関車による営業運転が始められた。アメリカ合衆国の鉄道は、人口が稠密な地域を通るヨーロッパの鉄道と異なり、バッファローなど野生動物が盛んにいき交う(e)フロンティアの荒野に建設されることも多かった。このため、アメリカ型と呼ばれる、火の粉をおさえるための大きな煙突とカウキャッチャーと呼ばれる牛よけなどを特徴とした独特の蒸気機関車が製造された。アメリカ合衆国では、(f)鉄道網の拡大とともに西部開発が促進された。一方、(g)南北戦争で、兵員移動に鉄道が大きな役割を果たしたことは、ヨーロッパ諸国などでも(h)戦争における鉄道の重要性を再認識させることとなった。

問6 下線部(d)について述べた次のⅠ・Ⅱの文を読み、正誤の組み合わせとして正しいものを、あとの①～④のうちから一つ選べ。 33

Ⅰ リヴァプールは、18世紀には、奴隷貿易で繁栄した港市であった。
Ⅱ ロンドン近郊のマンチェスターは、19世紀には製鉄業が盛んであった。

① Ⅰ―正 Ⅱ―正　② Ⅰ―正 Ⅱ―誤
③ Ⅰ―誤 Ⅱ―正　④ Ⅰ―誤 Ⅱ―誤

問7 下線部(e)について述べた次の文章を読み、空欄（ **エ** ）・（ **オ** ）にあてはまる語句の組み合わせとして正しいものを、あとの①～④のうちから一つ選べ。 34

アメリカ合衆国の国勢調査局は、フロンティアとは一平方マイル（約2.59km^2）につき２人以上６人以下の人口の地域と定めている。フロンティアは、西部の発展とともに西に移動し、（ **エ** ）年に国勢調査局は、フロンティアの消滅を宣言した。フロンティアの消滅後、アメリカ合衆国は、スペインとの戦争で、（ **オ** ）地域のプエルトリコを獲得し、その後も（ **オ** ）地域への進出を強めた。

① **エ**―1890 **オ**―カリブ海
② **エ**―1890 **オ**―太平洋
③ **エ**―1910 **オ**―カリブ海
④ **エ**―1910 **オ**―太平洋

問８　下線部(f)に関する次の地図について述べた文として正しいものを、あとの①～④のうちから一つ選べ。 35

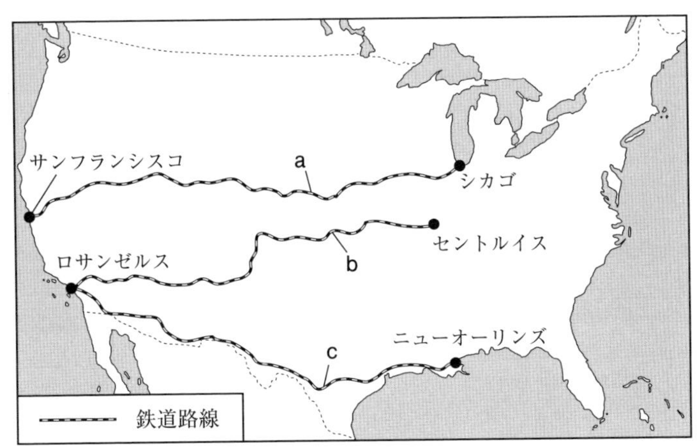

①　aの鉄道は、1869年に完成した最初の大陸横断鉄道の路線である。
②　aの鉄道の西の終着地であるサンフランシスコは、アメリカ合衆国がロシアから購入した。
③　bの鉄道は、イギリスとの協定で獲得したオレゴンを通過している。
④　cの鉄道は、フランスから獲得したテキサス領内の路線が半分近くを占める。

問９　下線部(g)に関連して、南北戦争が引きおこされた原因の一つは、西部の新たな州が自由州となるか奴隷州となるかを住民投票で決定するとした1854年に成立した法にある。この法の成立により南北の対立は激化した。この法の名称を記せ。 49

問10　下線部(h)に関連して、プロイセン＝オーストリア戦争で、プロイセン軍は鉄道を使って軍隊をすみやかに展開して、この戦争に勝利した。この戦争のときのプロイセン首相の名前として正しいものを、次の①～④のうちから一つ選べ。 36

①　メッテルニヒ　　②　ハルデンベルク
③　ビスマルク　　④　グラッドストン

20世紀初頭から21世紀初頭までの歴史に関する次の年表を見て、あとの問いに答えなさい。

年	出来事
1902	日本とイギリスが(a)軍事同盟を締結した。
	あ
1914	ボスニアの州都サライェヴォで(b)オーストリアの帝位継承者夫妻が暗殺された。
	い
1923	バイエルンの(c)ミュンヘンで、ヒトラーが武装蜂起をおこなった。
	う
1932	愛新覚羅（　ア　）を執政として満州（洲）国が建国された。
	え
1943	ソ連軍が、クルスクの戦いでドイツ軍戦車部隊を破った。
	お
1954	日本で、陸上、海上、航空などからなる自衛隊が発足した。
	か
1965	(d)日本国と大韓民国との間の基本関係に関する条約（通称、日韓基本条約）が締結された。
	き
1971	(e)中国の国連代表権が交替した。
	く
1985	ニューヨークのプラザホテルにおいて、先進５ヵ国（Ｇ５）の財務大臣・中央銀行総裁の会議が開かれ、ドル安容認を合意した。
	け
2003	アメリカ・イギリス軍が(f)イラク攻撃（イラク戦争）をおこなった。
	こ
2014	ロシア軍が、ウクライナの(g)クリミア半島を占領した。

問1　次のＡからＥの文章は、年表の あ ～ こ の時期のいずれかでおこった出来事の説明である。これらの出来事がおこった時期について述べた文として**誤っているもの**を、あとの①～④のうちから一つ選べ。 37

Ａ　日露戦争が勃発した。
Ｂ　オスマン帝国が、セーヴル条約を結んだ。
Ｃ　ブリアンとケロッグの主導によって不戦条約が成立した。
Ｄ　ドイツ軍がポーランドに侵攻して、第二次世界大戦が始まった。
Ｅ　メキシコ革命によって、ディアスが追放され、マデロが大統領に就任した。

①　Ａは、あ の時期の出来事である。
②　Ｂは、い の時期の出来事である。
③　Ｃは、う の時期の出来事である。
④　ＤとＥは、え ～ か のどの時期にもあてはまらない。

問2　次の写真は、チャールズ王太子（現チャールズ３世）も出席した香港の返還式典である。この返還式典が開催された時期として正しいものを、あとの①～④のうちから一つ選べ。 38

①　年表の き の時期　　②　年表の く の時期
③　年表の け の時期　　④　年表の こ の時期

問3　下線部(a)に関連して、世界史上の同盟について述べた次のⅠ・Ⅱの文を読み、正誤の組み合わせとして正しいものを、あとの①～④のうちから一つ選べ。 39

Ⅰ　古代ギリシアのコリントス（ヘラス）同盟は、スパルタを盟主とした。
Ⅱ　フィンランドは北大西洋条約機構（ＮＡＴＯ）に成立当初から加盟していた。

①　Ⅰ―正　Ⅱ―正　　②　Ⅰ―正　Ⅱ―誤
③　Ⅰ―誤　Ⅱ―正　　④　Ⅰ―誤　Ⅱ―誤

問4　下線部(b)に関連して、世界史上の暗殺事件について述べた文として波線部の正しいものを、次の①～④のうちから一つ選べ。 40

①　第１回三頭政治に参加したカエサルは、アントニウスによって暗殺された。
②　ヴァロワ朝を創始したアンリ４世は、カトリック教徒によって刺殺された。
③　農奴解放令を発したアレクサンドル２世は、ナロードニキの一派によって爆殺された。
④　初代インド首相のガンディーは、イスラーム教徒との和解を求めたが、ヒンドゥー教徒急進派によって暗殺された。

問5　下線部(c)の武装蜂起の結果について述べた文として正しいものを、次の①～④のうちから一つ選べ。 41

①　この武装蜂起は成功し、ヒトラーは政権を獲得した。
②　この武装蜂起の成功を受け、ムッソリーニは、ローマ進軍をおこなった。
③　この武装蜂起は失敗し、ヒトラーは逮捕された。
④　この武装蜂起に呼応して、キール軍港の水兵反乱からドイツ革命がおこった。

問6　空欄（　ア　）にあてはまる名を、漢字２字で記せ。 50

問7　下線部(d)を締結したときの大韓民国の大統領の名前として正しいものを、次の①～④のうちから一つ選べ。 42

①　李承晩　②　朴正熙　③　盧泰愚　④　金大中

問8　下線部(e)について述べた文として正しいものを、次の①～④のうちから一つ選べ。 43

①　汪兆銘の南京政府から蔣介石の中華民国に交替した。
②　汪兆銘の南京政府から毛沢東の中華人民共和国に交替した。
③　蔣介石の中華民国から毛沢東の中華人民共和国に交替した。
④　毛沢東の中華人民共和国から蔣介石の中華民国に交替した。

問9　下線部(f)について述べた文として正しいものを、次の①～④のうちから一つ選べ。 44

① この戦争は、国際連合安全保障理事会の承認を受けて実施された。
② この戦争によってフセイン政権は崩壊した。
③ この戦争後、イラクに親米のターリバーン政権が成立した。
④ この戦争に反発してアル＝カーイダは、同時多発テロ事件をおこした。

問10　下線部(g)に関連して、19世紀にこの半島を主戦場としておこなわれた戦争にトルストイは従軍し、戦争の日常と非日常を描いた『セヴァストーポリ物語』を著した。このトルストイの代表作として正しいものを、次の①～④のうちから一つ選べ。 45

① 『戦争と平和』　② 『罪と罰』　③ 『居酒屋』　④ 『人形の家』

歴史能力検定 第42回（2023年）
2級—世界史 解答・解説

1—③	2—③	3—④	4—①	5—④
6—②	7—③	8—④	9—①	10—②
11—④	12—③	13—②	14—④	15—②
16—②	17—②	18—①	19—③	20—②
21—④	22—②	23—①	24—③	25—②
26—①	27—②	28—②	29—①	30—③
31—③	32—②	33—②	34—①	35—①
36—③	37—④	38—③	39—④	40—③
41—③	42—②	43—③	44—②	45—①

46—ブランデンブルク　47—李世民　48—竜樹

49—カンザス・ネブラスカ法　50—溥儀

1

1．③cポーランド人は、カルパティア山脈から西北方面に移動した。

2．①初代ローマ教皇は、ペテロ。パウロは「異邦人の使徒」。②インノケンティウス３世は、フィリップ２世を屈服させた。④16世紀にグレゴリウス13世が、ユリウス暦に代えてグレゴリウス暦を制定した。

3．①ガリレイは、イタリアの学者で、地動説を支持した。②ニュートンは、イギリスの学者で、『プリンキピア』を著した。③ブルーノは、イタリアの学者で、地動説を主張した。

4．②バビロン捕囚をおこなったのは、新バビロニア。③ダヴィデ・ソロモン王のもと栄えたのは、前10世紀頃で、ローマ帝国が成立する以前。④サンバルテルミの虐殺事件で新教徒のユグノーが殺害された。

5．①はフランク王国宮宰のカール＝マルテルの、②はピピン（３世）の、③はカール大帝の事績。

46．12世紀にブランデンブルク辺境伯領が成立した。

6．②1947年にパレスチナ分割案の決議が採択され、1948年にイスラエルが建国されると、アラブ連盟の諸国が、イスラエルに侵攻してパレスチナ戦争が勃発した。

7．①②**イ**．ハンザ同盟は、リューベックを盟主とする都市同盟。②④**ウ**．16世紀のヘンリ８世以降のイングランド王は、アイルランド王を兼ねた。

8．④Ⅰチャガタイ＝ハン国（チャガタイ＝ウルス）は、中央アジアを支配した。Ⅱカール12世に勝利したのは、ロシアのピョートル１世。イヴァン３世は、15世紀にキプチャク＝ハン国（ジョチ＝ウルス）より自立したモスクワ大公。

9．②第２回は、プロイセンとロシアがおこなった。③第３回は、ロシアとプロイセンとオーストリアがおこなった。④1795年にポーランド王国は消滅したが、第一次世界大戦後、共和国として独立を回復した。

2

10．①漢委奴国王の金印は、後漢の光武帝から授けられた。③豊臣秀吉は16世紀の人物。洪武帝は14世紀の人物。④徳川家康は万暦帝から金印を授けられていない。

11．④８世紀のａのルートは、満州（洲）（現中国東北地方）に向かう、渤海との交易ルート。①西夏は、11世紀に黄河上流域に建国された。②金は、12世紀に北宋を滅ぼし、華北を支配した。③吐蕃は、７世紀にチベットで成立した。

47．第１回の遣唐使は、太宗の治世期。太宗の姓名は李世民。

12．空欄（　**イ**　）にあてはまるのは、南宋。①は、五代の後晋時代のこと。②は、唐末。④は、隋代。

13．③イエズス会宣教師マテオ＝リッチは、明を訪れ、世界地図の『坤輿万国全図』を作成した。②マルコ＝ポーロは、『世界の記述（東方見聞録）』を残した。

14．マカートニーが謁見した皇帝は、乾隆帝。①は、康熙帝の時代。②は、雍正帝の時代。③の軍機処を創設したのは、雍正帝で、廃止されたのは宣統帝のとき。

15. ②ａのバタヴィアは、オランダが17世紀にジャワ島に建設した拠点。ｂのマカオは、16世紀に明からポルトガルが居住権を獲得した。③④**ウ**．ボンベイは、インド西海岸のイギリスの拠点。**エ**．マニラはスペインの拠点。

16. ②Ⅱシンガポールは、1965年にリー＝クアンユーのもとマレーシア連邦から分離・独立した。

17. ②**史料１**からマカートニーは、皇帝に対して片膝をひざまずく儀礼をおこなったと考えられる。

18. 下線部(e)の戦争はアヘン戦争。②総理各国事務衙門設置は、アロー戦争（第２次アヘン戦争）の北京条約締結の翌年。③は、北京条約の内容。④は、北京議定書（辛丑和約）の内容。

3

19. ③Ⅰ『シャクンタラー』を著したのは、カーリダーサ。フィルドゥシーは、『シャー＝ナーメ（王の書）』を残した。

20. ②クシャーナ朝が支配したのは、ガンジス川全域ではなく、インダス川流域から中央アジアにかけての地域。

48. 大乗仏教を理論化したのは竜樹（ナーガールジュナ）。

21. ①イスラームの意味は、「絶対帰依」。救世主を意味するのは、「キリスト」。イスラーム教では、ムハンマドは預言者とされる。②シーア派は、アリーとアリーの子孫を指導者と仰ぐ。③８世紀に後ウマイヤ朝が成立したのは、イベリア半島。

22. ②「安息」は、パルティアの創始者アルサケスに由来する。①は、前６世紀に、③は、３世紀に成立した。④は、16世紀に成立したイラン系のシーア派王朝。

23. ④ｂは、四川省にある成都。三国時代の蜀の都となった。

24. ③五胡は、鮮卑・氐・羌と匈奴と羯である。①突厥は、６世紀のトルコ系民族。②④柔然は、６世紀に突厥に滅ぼされた騎馬遊牧民。

25. ①高句麗は、朝鮮半島北部を支配した。③高麗は10世紀に、④朝鮮王朝は14世紀に成立した王朝。

26. ②は、４世紀。③は、８世紀。④は、前５世紀。

27. ①アリストテレスが、プラトンの弟子。③『法の精神』を著したのは、モンテスキュー。イギリス政治を評価したのは、ヴォルテール。ルソーは、『人間不平等起源論』や『社会契約論』を著した。④『資本論』はマルクスとエンゲルス。「最大多数の最大幸福」はベンサムの言葉。

4

28. 文章の「穀物法が廃止」から1840年代と判断できる。

29. ②ミュール紡績機は、クロンプトンの発明。③飛び梭は、ジョン＝ケイの発明。カートライトは、力織機を発明した。④ワットの蒸気機関は、18世紀後半に完成した。

30. ②**イ**のゴードンは、太平天国の乱鎮圧に活躍したイギリス軍人。**ウ**のバグダードはイラクの首都。

31. ③1869年にフランスのレセップスによってスエズ運河が完成し、1875年にイギリスは、スエズ運河の株を買収した。

32. ①ブール人は、南アフリカのオランダ系移民。③バーブ教徒は、カージャール（ガージャール）朝下で反乱をおこした。④シパーヒーは、イギリスに雇われたインド人傭兵。

33. ②Ⅱ製鉄業は、バーミンガム。マンチェスターは、イングランド北部の都市で綿工業の中心地となった。

34. ①文章の「スペインとの戦争」は、1898年に勃発するので、**エ**は1890年とわかる。また、キューバやプエルトリコが位置するのは、**オ**のカリブ海。

35. ②サンフランシスコは、カリフォルニアの都市で、アメリカ合衆国が、メキシコとの戦争で獲得した。③オレゴンは、アメリカ合衆国西北部の地域でｂの鉄道は通過しない。④テキサスは、メキシコから独立して共和国となり、1845年に併合した。

49. カンザス・ネブラスカ法は、自由州か奴隷州かは、住民投票で決定するとした。このため、奴隷制に反対する共和党が結成され、南北対立が深まった。

36. ①メッテルニヒは、オーストリアの政治家。②ハルデンベルクは、プロイセンの政治家で、農民解放などをおこなった。④グラッドストンは、イギリスの自由党の政治家。

5

37. ④Ｅの出来事は、［あ］の時期の1911年であるが、Ｄは、［え］の時期にあてはまる1939年の出来事である。

38. ③イギリスから中華人民共和国への香港返還は1997年。

39. ④Ⅰコリントス（ヘラス）同盟の盟主は、マケドニア。Ⅱフィンランドは、ＮＡＴＯ成立当初は加盟しなかったが、ロシアのウクライナ侵攻後の2023年４月に加盟した。

40. ①カエサルは、ブルートゥスらに暗殺された。②アンリ４世が創始したのは、ブルボン朝。④初代インド首相は、ネルー。

41. ①ヒトラーは、1933年に首相に就任した。②ムッソリーニのローマ進軍は、1922年。④ドイツ革命は1918年におき、ドイツ帝国は崩壊した。

50. 1932年満州（洲）国の執政となったのは、愛新覚羅溥儀。溥儀は、清朝の宣統帝であった。

42. ①韓国初代の大統領。③のとき、韓国が国際連合に加盟した。④は、2000年に北朝鮮と南北首脳会談をおこなった。

43. ①②汪兆銘の南京政府は、日中戦争中に成立した親日政権。国際連合が発足する前に崩壊した。③国民党の蔣介石は、国共内戦に敗れ、台湾で中華民国を維持した。一方、共産党の毛沢東は、1949年に中華人民共和国を樹立した。

44. ①イラク戦争は、国際連合安全保障理事会の承認を得ずにおこなわれた。③ターリバーン政権は、2001年の米軍の攻撃で崩壊したが、2021年にアフガニスタンを再び支配した。④同時多発テロは、2001年。イラク戦争は、2003年。

45. ②は、ロシアのドストエフスキーの作品。③は、フランスのゾラ、④は、ノルウェーのイプセンによって著された。

【写真提供】ユニフォトプレス

2023年11月

歴史能力検定 第42回

2級—日本史

——受験上の注意点——

1．試験監督者の試験開始の指示があるまで、問題用紙は開かないでください。
2．試験開始前に、解答用紙に必要事項を記入し、誤りがないか確認してください。
3．問題文は17ページまでありますので、落丁がないか、最初に確認してください。
4．解答用紙の受験番号欄には、必ず受験番号（10桁）をマークしてください。
※受験番号が正しくマークされていない場合は採点されません。
5．問題文には、各冒頭部分に問番号（問１、問２……）がついていますが、これとは別に、文末部分に四角で囲った番号がそれぞれついています（［1］、［2］、［3］……）。この四角で囲った番号に対応する解答欄に、解答をマークしてください。
なお、問番号と、四角で囲った番号とは、必ずしも一致しませんので、ご注意ください。
6．問題は［1］～［45］が正解肢を選ぶ問題、［46］～［50］が記述問題となっています。
なお、記述問題の［46］～［50］は、正解肢を選ぶ問題の［1］～［45］の間に、割り込むように配置されています。必ずしも通し番号順に問題が並んでいませんので、ご注意ください。
7．［1］～［45］の正解肢を選ぶ問題には、正解肢が必ず１つあります。正解肢のない問題も、２つ以上正解肢のある問題もありません。正解と考える肢１つを選択し、該当番号をマークしてください。
マークの仕方や消し方が悪いと採点されませんので、次の事項に十分注意してください。
イ．記入はHB以上の鉛筆またはシャープペンシルを使用し、はっきりとわかるようにすること（サインペン・万年筆・ボールペンは不可）
ロ．訂正は消しゴムで跡が残らないように完全に消すこと
ハ．所定の場所以外に文字等を記入しないこと
ニ．解答用紙を折り曲げたり汚したりしないこと
8．［46］～［50］の記述問題の解答は、解答欄右側の「記述（２級）」に書いてください。
9．記述問題で人名・事件名などを答える場合は、教科書や新聞などで一般的に使用されている名前を使用してください。
10．試験時間中は、出題問題についての質問は受け付けません。
11．試験時間は50分です。
12．試験時間中に、トイレを使用する等でやむをえず席を立つ場合には、試験監督者の許可を受けた上で、隣の人の迷惑にならないよう静かに移動してください。
13．試験時間中の喫煙・飲食等を禁止します。
14．試験終了の合図があり次第、筆記用具をおき、試験監督者の合図があるまでは席を立たないでください。なお、質問、トイレのための退席等、理由の如何を問わず、試験時間は延長しません。
15．不正行為をした場合、答案は無効となります。

問題文の国名・人名・事件名などの表記は高等学校の教科書による。

——準会場（団体受験）で受験される方——
この問題冊子は試験終了後に回収します。試験当日の持ち帰りは禁止です。
再配布時期は団体責任者にご確認ください。

歴史能力検定協会

原始・古代の衣服に関する次の文章を読み、あとの問いに答えなさい。(引用した史料は、一部書き改めたところがある。)

食料採取の段階にあった(a)縄文時代には、動物や木の皮が衣服の材料にされていたと考えられており、土偶などから衣服のあり方を類推する試みがなされている。

弥生時代の人びとは、紡錘車によって糸をつむぎ、機織具によって衣服用の布をつくった。布に頭を入れる穴をあけた貫頭衣など、弥生時代の衣服の様子は、(b)中国史書の記述から知ることができる。

３世紀頃に成立した(c)ヤマト政権のもとでは、各地に古墳がつくられた。古墳時代の衣服は、古墳の墳丘に並べられた埴輪などから、当時の男性は乗馬ズボン風の袴、女性はスカート風の裳をつけていたと考えられている。

(d)７世紀の衣服は、飛鳥文化期の工芸品である中宮寺天寿国繡帳や白鳳文化期の（　ア　）の壁画に描かれている。

８世紀になると、ほぼ20年に１度の割合で(e)遣唐使が派遣されるようになった。律令制度が確立するなかで、(f)律令官人の衣服も唐にならったものとなり、一位は深紫、二位は浅紫というように、貴族男性の朝服は位階によって区別された。また、(g)天平文化期の文化財である『正倉院鳥毛立女屛風』には、唐風の女性の衣服が描かれている。

平安時代初期の(h)嵯峨天皇の時代には儀式や衣服を唐風に改めたが、10世紀以降には唐の文化を消化した国風文化が形成され、唐風の服装を大幅に日本人向きにつくりかえた（　イ　）が、貴族男性の正装とされた。

問1　下線部(a)に関連して、縄文時代には和田峠産の黒曜石が遠方で出土したことなどから、交易がおこなわれていたことが知られる。和田峠の場所として正しいものを、地図中の①～④のうちから一つ選べ。　1

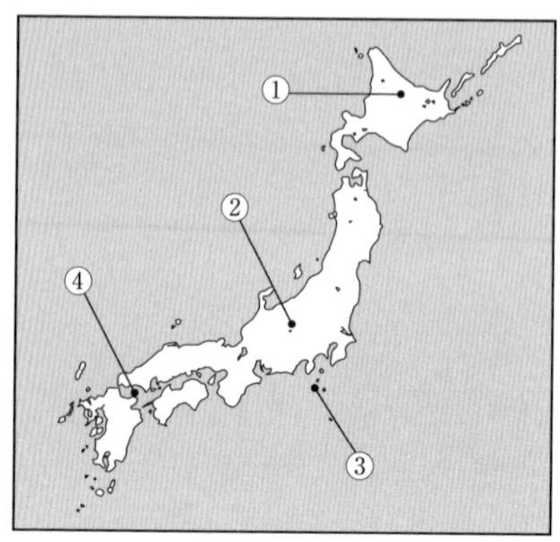

問2　下線部(b)に関連して、中国史書に見られる倭の記述の史料Ⅰ～Ⅲを読み、史料に書かれた内容の時期が古い順に正しく配列したものを、あとの①～④のうちから一つ選べ。　2

Ⅰ　夫れ楽浪海中に倭人有り。分れて百余国と為る。
Ⅱ　倭の女王、大夫難升米等を遣し郡に詣り、天子に詣りて朝献せんことを求む。
Ⅲ　建武中元二年、倭の奴国、貢を奉じて朝賀す。

①　Ⅰ→Ⅱ→Ⅲ　　②　Ⅲ→Ⅱ→Ⅰ　　③　Ⅱ→Ⅰ→Ⅲ　　④　Ⅰ→Ⅲ→Ⅱ

問3　下線部(c)に関連して、ヤマト政権や古墳について述べた文として**誤っているもの**を、次の①～④のうちから一つ選べ。　3

①　ヤマト政権は、技術をもつ渡来人を、韓鍛冶部・錦織部などの集団に組織した。
②　ヤマト政権は、国造に任じた地方豪族に、その地方の支配権を保障した。
③　岡山県の造山古墳など、巨大な前方後円墳は大和地方以外の地域でも築造された。
④　古墳の埋葬施設のうち、竪穴式石室は横穴式石室と異なり、追葬が可能であった。

問4　下線部(d)に関連して、7世紀の政策や出来事について述べた文として正しいものを、次の①～④のうちから一つ選べ。　4

①　冠位十二階にもとづいて、真人などの姓が豪族に与えられた。
②　壬申の乱に勝利した大海人皇子が、近江大津宮で天武天皇として即位した。
③　7世紀半ばには、阿倍内麻呂が左大臣、中臣鎌足が内臣に任じられた。
④　7世紀後半には、和同開珎が鋳造され、国史の編纂(へんさん)などが進められた。

問５　空欄（　ア　）にあてはまる、次の壁画で知られる古墳の名称を、漢字５字で記せ。　46

問６　下線部(e)に関連して、630年に遣唐使として派遣された人物の名前として正しいものを、次の①～④のうちから一つ選べ。　5

①　旻　　②　小野妹子　　③　犬上御田鍬　　④　粟田真人

問７　下線部(f)に関連して、律令制下の八省に含まれる官庁として**誤っているもの**を、次の①～④のうちから一つ選べ。　6

①　中務省　　②　大蔵省　　③　宮内省　　④　外務省

問８　下線部(g)に関連して、天平文化期の文化財として正しいものを、次の①～④のうちから一つ選べ。　7

①　興福寺仏頭　　②　神護寺両界曼荼羅
③　唐招提寺金堂　　④　法隆寺玉虫厨子

問９　下線部(h)に関連して、嵯峨天皇の時代の政策について述べた文として正しいものを、次の①～④のうちから一つ選べ。　8

①　弘仁格式がまとめられた。
②　三世一身法が出された。
③　荘園整理令が出された。
④　勘解由使が設置された。

問10　空欄（　イ　）にあてはまる語句として正しいものを、次の①～④のうちから一つ選べ。　9

①　水干　　②　直垂　　③　束帯　　④　小袿

中世の寺社参詣に関する次の文章を読み、あとの問いに答えなさい。(引用した史料は、一部書き改めたところがある。)

白河天皇による(ア)をはじめ、院政期には六勝寺と総称される寺院が建立された。仏教を篤く信仰した(a)白河上皇(法皇)や鳥羽上皇(法皇)、後白河上皇(法皇)は、熊野詣や高野詣などの寺社参詣を繰り返した。寺院の造営や寺社参詣などの費用を調達する必要性から、院政期には(イ)などの売位・売官が盛んになった。

中世においては、天皇家や貴族層だけでなく、(b)将軍をはじめとする武家から庶民にいたるまで、多くの人びとが寺社参詣をおこなうようになり、なかでも(c)紀伊国の熊野と伊勢国の(d)伊勢神宮には多くの参詣者が集まった。

宗教的な旅が本格化するなかで、日記をはじめ、旅に関わる多くの記録が残された。『新古今和歌集』の撰者で、『(ウ)』と呼ばれる日記を残したことで知られる藤原定家は、1201年、(e)後鳥羽上皇の熊野御幸に加わった際に、『熊野御幸記』をしたためた。それは、10月5日に(f)京都を出発して16日に熊野本宮に到着した後、18日に新宮、19日に那智と熊野三山をまわり、26日に帰京するといった行程や、道中で定家が見聞したさまざまな出来事などを記したものであった。

寺社参詣が活発化したこともあって、戦国時代には、善光寺の(エ)など、各地に門前町が形成された。

問1 空欄(ア)にあてはまる語句として正しいものを、次の①~④のうちから一つ選べ。 10

① 法勝寺　② 円勝寺　③ 尊勝寺　④ 最勝寺

問2 下線部(a)に関連して、白河上皇(法皇)や鳥羽上皇(法皇)、後白河上皇(法皇)について述べた文として正しいものを、次の①~④のうちから一つ選べ。 11

① 白河上皇(法皇)の時代には、院の御所に西面の武士が組織された。
② 鳥羽上皇(法皇)の時代には、長講堂領と呼ばれる荘園群が形成された。
③ 鳥羽上皇(法皇)の死後、平治の乱がおこり、敗れた崇徳上皇が讃岐に流された。
④ 後白河上皇(法皇)の時代には、上皇の命によって、蓮華王院が造営された。

問３　空欄（　イ　）にあてはまる、私財を出して朝廷の儀式や寺社造営などを請け負い、その見返りとして官職や位階を受けることを指す語句を、漢字２字で記せ。　47

問４　下線部(b)に関連して、中世の将軍について述べたⅠ～Ⅲの文を読み、年代が古い順に正しく配列したものを、あとの①～④のうちから一つ選べ。　12

Ⅰ　将軍権威の復興をめざしたことで知られる将軍が、松永久秀に襲われて討死した。
Ⅱ　強圧的な政治をおこなっていた将軍が、有力守護の赤松満祐によって殺害された。
Ⅲ　当時の将軍が、鶴岡八幡宮で、甥にあたる人物によって殺害された。

①　Ⅰ→Ⅱ→Ⅲ　　②　Ⅲ→Ⅱ→Ⅰ　　③　Ⅱ→Ⅰ→Ⅲ　　④　Ⅰ→Ⅲ→Ⅱ

問５　下線部(c)に関連して、紀伊国に関わる次の史料について述べた文として正しいものを、あとの①～④のうちから一つ選べ。　13

阿テ河ノ上村百姓ラツヽシテ言上
一　ヲンサイモクノコト。アルイワチトウノキヤウシヤウ、アルイワチカフトマウシ、カクノコトクノ人フヲ、チトウノカタエせメツカワレ候ヘハ、ヲマヒマ候ワス候。……ヲレラカコノムキマカヌモノナラハ、メコトモヲヲイコメ、ミヽヲキリ、ハナヲソキ、カミヲキリテ、アマニナシテ、ナワ・ホタシヲウチテ、サエナマント候ウテ、せメせンカウせラレ候アイタ、ヲンサイモクイヨ〳〵ヲソナワリ候イヌ。

①　暴政をおこなう守護を訴えたものである。
②　14世紀に荘民から提出された訴状である。
③　この荘園の年貢は材木であったと考えられる。
④　この史料の出典は、『玉葉』である。

問６　下線部(d)に関連して、伊勢神道を創始した、伊勢神宮外宮の神官の名前として正しいものを、次の①～④のうちから一つ選べ。　14

①　度会家行　　②　吉田兼倶　　③　卜部兼方　　④　竹内式部

問７　空欄（　ウ　）にあてはまる語句として正しいものを、次の①～④のうちから一つ選べ。　15

①　小右記　　②　中右記　　③　明月記　　④　御堂関白記

問8　下線部(e)に関連して、承久の乱後、鎌倉幕府によって後鳥羽上皇が配流された場所として正しいものを、地図中の①～④のうちから一つ選べ。　16

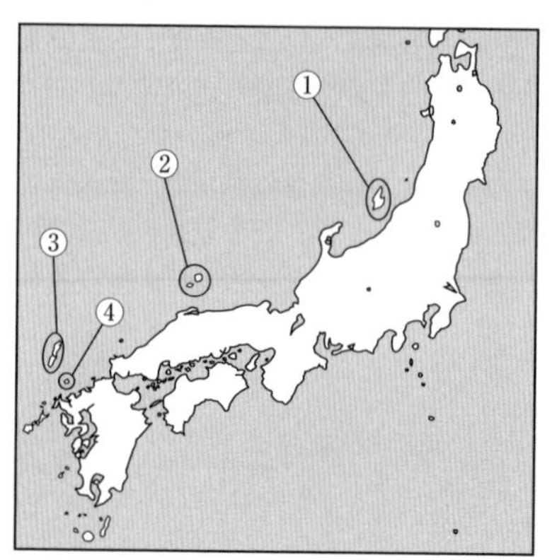

問9　下線部(f)に関連して、中世の京都について述べた文として**誤っているもの**を、次の①～④のうちから一つ選べ。　17

① 京都には手工業者や商人が集まり、常設の小売店である見世棚が見られた。
② 京都で高利貸を営む土倉・酒屋に、室町幕府によって土倉役・酒屋役が課された。
③ 足利義満のもとで五山・十刹の制が整備され、天龍寺や寿福寺が京都五山とされた。
④ 京都では、大原女や桂女といった女性の行商人が、商業活動を展開した。

問10　空欄（　エ　）にあてはまる門前町の名称として正しいものを、次の①～④のうちから一つ選べ。　18

① 長野　② 今井　③ 坂本　④ 富田林

幕藩体制下の監察制度に関する次の文章を読み、あとの問いに答えなさい。

織田信長が本能寺の変で滅ぼされた後、そのあとを継いだ豊臣秀吉は、全国統一を実現する一方、(a)太閤検地や刀狩といった政策を実施した。

豊臣政権下で整備された兵農分離制や石高制などを土台とする幕藩体制は、(b)数多くの触書や法度を制定・公布し、そうした法令を全国に行き渡らせることによって維持された。

幕藩体制を維持するための法体制とともに、法令を遵守させる監察制度も整備され、大目付・(c)目付といった役職が設けられた。また、(d)大名領には諸国巡見使や国目付、幕府の直轄地には御料巡検使が派遣され、それぞれ大名領・直轄地の監督や調査などを担った。

大目付は江戸時代中期以降、大名や諸役人の監察官という性格が薄れ、諸藩への法令伝達や、(e)江戸城内における大名の席次や典礼などをつかさどる、式部官的な性格が強まった。諸国巡見使も(f)5代将軍徳川綱吉以降は一代一回の派遣となり、おもに大名が幼少の場合に派遣されていた国目付も、(g)6代将軍徳川家宣の時代以降、派遣頻度は減少していった。

こうした正規の監察制度が形骸化する一方で、幕閣の間では隠密活動が重視されるようになった。1716年、徳川吉宗が将軍就任時に設置した御庭番は、諸藩の実情や、奉行･代官ら役人の風評などを調査し、将軍の情報源として(h)目安箱とともに重要な役割を果たした。

また、(i)寛政の改革を主導した松平定信は、1787年の意見書で、隠密活動の重要性を指摘している。北方を調査した(j)間宮林蔵も、晩年は隠密活動に関わっていたことで知られている。

問1　下線部(a)に関連して述べた文として正しいものを、次の①～④のうちから一つ選べ。 19

① 太閤検地では、面積表示が町・段・畝・歩に統一され、1段＝300歩が1段＝360歩へと変更された。

② 太閤検地では、一地一作人を原則として、一区画の土地ごとに耕作者の氏名が検地帳に登録された。

③ 刀狩は、京都の増上寺の大仏造営を口実に、一揆の防止や、農民を農業に専念させることなどを目的として実施された。

④ 刀狩令にもとづく武器の没収は、文禄の役後、2度目の朝鮮侵略を前に、軍事力を強化するために実施された。

問2　下線部(b)に関連して述べた次のⅠ～Ⅲの文を読み、年代が古い順に正しく配列したものを、あとの①～④のうちから一つ選べ。　20

Ⅰ　「五百石以上ノ船停止ノ事」の条文を含む、新たな武家諸法度が出された。
Ⅱ　元和年間以降の触れを類別に編纂し、『御触書寛保集成』が完成した。
Ⅲ　寺院の僧侶全体を共通に統制するため、諸宗寺院法度が出された。

①　Ⅰ→Ⅱ→Ⅲ　　②　Ⅲ→Ⅱ→Ⅰ　　③　Ⅱ→Ⅰ→Ⅲ　　④　Ⅰ→Ⅲ→Ⅱ

問3　下線部(c)に関連して、大目付は老中のもとで任務を遂行したのに対し、目付はどの役職に属したか。正しいものを、次の①～④のうちから一つ選べ。　21

①　道中奉行　　②　若年寄　　③　寺社奉行　　④　大老

問4　下線部(d)に関連して、江戸時代初期の大名領でとられた、有力武士に領地を与え、領民の支配を認める制度の名称として正しいものを、次の①～④のうちから一つ選べ。　22

①　地方知行制　　②　商場知行制　　③　俸禄制度　　④　場所請負制度

問5　下線部(e)に関連して、式部官としての性格をもつ高家の役職に就いていた、吉良義央や吉良義央に関わる出来事について述べた文として**誤っているもの**を、次の①～④のうちから一つ選べ。　23

①　吉良義央は、浅野長矩によって江戸城中で傷つけられた。
②　吉良義央は、赤穂藩士によって殺害された。
③　吉良義央を殺害した人びとは、公事方御定書にもとづいて処罰された。
④　吉良義央の殺害事件は、竹田出雲らの『仮名手本忠臣蔵』で取り上げられた。

問6　下線部(f)の５代将軍徳川綱吉の時代を中心に形成された元禄文化について述べた文として正しいものを、次の①～④のうちから一つ選べ。　24

①　和算が発達するなかで、吉田光由によって『発微算法』が著された。
②　『万葉集』を研究した契沖によって、『万葉代匠記』が著された。
③　元禄文化を代表する工芸品として、本阿弥光悦の「八橋蒔絵螺鈿硯箱」があげられる。
④　元禄文化を代表する絵画として、俵屋宗達の『紅白梅図屛風』があげられる。

問7　下線部(g)に関連して、６代将軍徳川家宣の時代に創設された宮家の名称として正しいものを、次の①～④のうちから一つ選べ。　25

①　桂宮家　　②　伏見宮家　　③　有栖川宮家　　④　閑院宮家

問8　下線部(h)に関連して、目安箱の投書にもとづいて設置された療養施設の名称を、漢字６字で記せ。　48

問９　下線部(i)に関連して、寛政の改革時に発せられた寛政異学の禁の際、儒官に任じられた寛政の三博士に含まれる儒者として**誤っているもの**を、次の①～④のうちから一つ選べ。 26

①　中江藤樹　　②　柴野栗山　　③　尾藤二洲　　④　岡田寒泉

問10　下線部(j)に関連して、間宮林蔵が島であることを発見した場所として正しいものを、地図中の①～④のうちから一つ選べ。 27

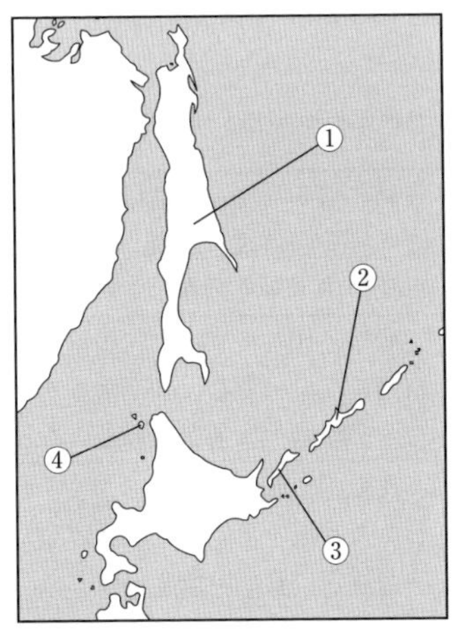

松下村塾と吉田松陰に関わる人物をまとめた次の表を見て、あとの問いに答えなさい。(引用した史料は、一部書き改めたところがある。)

名　称	生没年	内　　容
吉田松陰	1830～1859	江戸に留学して、信濃松代藩士の（　ア　）に学ぶ。1854年、(a)ペリーが再来した際、密航を企てたが拒否された。松下村塾で長州藩士らを指導したが、安政の大獄で処刑された。
桂小五郎（木戸孝允）	1833～1877	1849年、10代後半で吉田松陰の門下となった。1866年の薩長同盟の成立に尽力し、(b)明治維新にも指導的な役割を果たした。(c)西郷隆盛・大久保利通とともに維新の三傑とされる。
山県有朋	1838～1922	20代前半で松下村塾に入り、1860年代には、（　イ　）が組織した奇兵隊の軍監として活躍した。(d)陸軍の中心的存在となり、明治時代に２度内閣を組織した。
伊藤博文	1841～1909	10代後半で松下村塾に入塾し、明治時代初期には(e)岩倉使節団に加わった。(f)大日本帝国憲法の起草を主導し、明治時代に４回内閣を組織した。
品川弥二郎	1843～1900	10代半ばで松下村塾に入塾。1870年に(g)ドイツに留学し、ドイツ公使館に勤めた。1891年の（　ウ　）解散後、翌年の総選挙で選挙干渉を主導し、同1892年に（　エ　）を組織した。

問１　空欄（　ア　）にあてはまる、「東洋道徳、西洋芸術（技術）」を説いたことで知られる人物の名前を、漢字５字で記せ。　49

問２　下線部(a)に関連して、ペリーと幕府との間で締結された条約の一部として正しいものを、次の①～④のうちから一つ選べ。　28

①　合衆国政府ハ日本国カ支那ニ於テ特殊ノ利益ヲ有スルコトヲ承認ス……。

②　総て国地に輸入輸出の品々、別冊の通、日本役所へ、運上を納むへし。

③　日本政府、外国人江当節亜墨利加人江差し免さす候廉相免し候節ハ、亜墨利加人江も同様差し免し申すへし。

④　日本人に対し、法を犯せる亜墨利加人は、亜墨利加コンシユル裁断所にて吟味の上、亜墨利加の法度を以て罰すへし。

問３　下線部(b)に関連して、明治維新とその後の発展過程などを分析し、『日本資本主義発達史講座』を企画・編集して講座派の中心的存在となったが、日本共産党員として活動し、獄死した人物の名前として正しいものを、次の①～④のうちから一つ選べ。　29

①　石川達三　　②　野呂栄太郎　　③　小林多喜二　　④　津田左右吉

問４　下線部(c)に関連して、維新の三傑に関して述べた次のⅠ～Ⅲの文を読み、年代が古い順に正しく配列したものを、あとの①～④のうちから一つ選べ。　30

Ⅰ　由利公正らが起草し、木戸孝允が作成に関わった五箇条の誓文が公布された。

Ⅱ　征韓派の参議が下野した後、大久保利通が新設された内務省の長官となった。

Ⅲ　私学校生らの鹿児島士族を中心に、西郷隆盛を首領とする士族反乱が発生した。

①　Ⅰ→Ⅱ→Ⅲ　　②　Ⅲ→Ⅱ→Ⅰ　　③　Ⅱ→Ⅰ→Ⅲ　　④　Ⅰ→Ⅲ→Ⅱ

問５　空欄（　イ　）にあてはまる長州藩士の名前として正しいものを、次の①～④のうちから一つ選べ。　31

①　坂本龍馬　　②　高杉晋作　　③　勝海舟　　④　榎本武揚

問６　下線部(d)に関連して、近代の陸軍と、２度にわたって組織された山県有朋内閣時の出来事について述べた文として正しいものを、次の①～④のうちから一つ選べ。　32

①　1880年代には、陸軍の編制が師団から鎮台に改められた。

②　1930年代には、陸軍大臣宇垣一成のもとで軍縮が実施された。

③　第１次山県有朋内閣時には、第一議会が開催された。

④　第２次山県有朋内閣時には、治安維持法が制定された。

問７　下線部(e)に関連して、岩倉使節団の記録係として『特命全権大使米欧回覧実記』を編纂し、のちに東京帝国大学教授となったが、「神道は祭天の古俗」と論じて職を追われたことで知られる人物の名前として正しいものを、次の①～④のうちから一つ選べ。　33

①　白鳥庫吉　　②　田口卯吉　　③　久米邦武　　④　柳田国男

問8　下線部(f)に関連して、大日本帝国憲法と伊藤博文内閣に関して述べた文として正しいものを、次の①～④のうちから一つ選べ。　34

①　伊藤博文は渡欧して、ベルリン大学のボアソナードに憲法について学んだ。

②　1880年代に設立された元老院で、伊藤博文を中心に憲法草案の審議がおこなわれた。

③　第３次伊藤博文内閣は、自由党などの政党とは提携しない超然内閣であった。

④　第４次伊藤博文内閣は、伊藤博文を総裁とする、立憲同志会を基盤に組織された。

問9　下線部(g)に関連して、ドイツに留学して衛生学を学び、軍医・小説家として活躍した森鷗外の作品として正しいものを、次の①～④のうちから一つ選べ。　35

①『坊っちゃん』　②『舞姫』　③『破戒』　④『みだれ髪』

問10　空欄（　ウ　）・（　エ　）にあてはまる語句の組み合わせとして正しいものを、次の①～④のうちから一つ選べ。　36

①　ウ―第二議会　エ―国民協会　②　ウ―第二議会　エ―立憲民政党

③　ウ―第六議会　エ―国民協会　④　ウ―第六議会　エ―立憲民政党

昭和時代に首相をつとめた海軍軍人の回顧録から引用した史料【A】・【B】を読み、あとの問いに答えなさい。(引用した史料は、一部書き改めたところがある。)

【A】 (a)日露戦争のはじまる前の年、わたしは少佐で常備艦隊の「千歳」の副長心得だった。ところが肋膜(ろくまく)炎になって待命になり、「千歳」をおりて(b)武雄や嬉野の温泉で療養をしていた。五、六年前に肋膜をやったこともあり、医者は肋膜だというが、私はてっきり(c)肺病だと思ってすっかり悲観してしまった。医者が隠して言わないのだと思い、日露の風雲はますます急になるし、気が気でなかった。ところがあるとき、内科で評判の軍医官が診察してくれた。そこで「肺病じゃないか」と聞くと、「なんだ、こんなものは肺病でもなんでもない。すこし静かにしておれば、すぐなおってしまう」という。とたんにうれしくなり、現金なもので、すぐよくなってしまった。

三十七年の二月六日、(d)日露の国交が断絶し、その二十八日に全治を言い渡された。しかし病後なので、しばらく捕獲審検所の評定官などやっていた。これは戦時に敵国汽船や、戦時禁制品を積んだ第三国の汽船などを拿捕すると、ここへつれてきて、国際法の規定に照して捕獲すべきものか、放免すべきものかを調べる役目だ。

その年の夏、「八重山」の副長心得になったが、この「八重山」というのは一六〇〇トンばかりの小さな艦で、(e)日清戦争のとき、通報艦として活躍したものだ。

問１　下線部(a)に関連して、日露戦争開戦前の政府内外の動きについて述べた文として**誤っているもの**を、次の①～④のうちから一つ選べ。 37

①　政府内には、伊藤博文など、ロシアとの「満韓交換」によってロシアと妥協しようとする日露協商論を主張する者もいた。

②　ロシアの南下を警戒するイギリスとの間で、第１次桂太郎内閣時に、第１次日英同盟協約が締結された。

③　戸水寛人ら東京帝国大学などの七博士、『万朝報』の黒岩涙香、『国民新聞』の徳富蘇峰らは主戦論を唱えた。

④　民友社をおこして『国民之友』を創刊した社会主義者の幸徳秋水・堺利彦らは、非戦論・反戦論を唱えた。

問2 下線部(b)に関連して、コンドルに学び、佐賀県の「武雄温泉楼門」のほか、「日本銀行本店」、「東京駅」などを設計した建築家の名前として正しいものを、次の①〜④のうちから一つ選べ。 38

① 片山東熊　② 辰野金吾　③ 荻原守衛　④ 高村光雲

問3 下線部(c)に関連して、「工場へ行ったがため、やった故に、村にはかつてなかった怖るべき病い—肺結核を持って村娘は戻った」などと記された細井和喜蔵の『女工哀史』と同様に、産業革命期の女工の実態を知ることのできる、横山源之助が1899年に刊行した著作の名称として正しいものを、次の①〜④のうちから一つ選べ。 39

① 『職工事情』　② 『日本之下層社会』

③ 『あゝ野麦峠』　④ 『最暗黒の東京』

問4 下線部(d)に関連して、近代の日露関係について述べた次のⅠ〜Ⅲの文を読み、年代が古い順に正しく配列したものを、あとの①〜④のうちから一つ選べ。 40

Ⅰ　訪日中であったロシア皇太子が、警備の巡査に切りつけられ、負傷した事件が発生した。

Ⅱ　樺太にもっていた権利をロシアに譲渡し、かわりに千島全島を日本領とすることを取り決めた条約が締結された。

Ⅲ　日露両国は第4次日露協約を締結し、中国が日露以外の列強の支配下におかれないように密約した。

① Ⅰ→Ⅱ→Ⅲ　② Ⅲ→Ⅱ→Ⅰ　③ Ⅱ→Ⅰ→Ⅲ　④ Ⅰ→Ⅲ→Ⅱ

問５　下線部(e)に関連して、日清戦争について述べた次の文Ⅰ・Ⅱと、地図中に示した場所ａ～ｄの組み合わせとして正しいものを、あとの①～④のうちから一つ選べ。　41

Ⅰ　日本海軍は、この海域でおこなわれた海戦で、清国の北洋艦隊を撃破した。
Ⅱ　日清両国は、この地で開かれた会議で、講和条約を締結した。

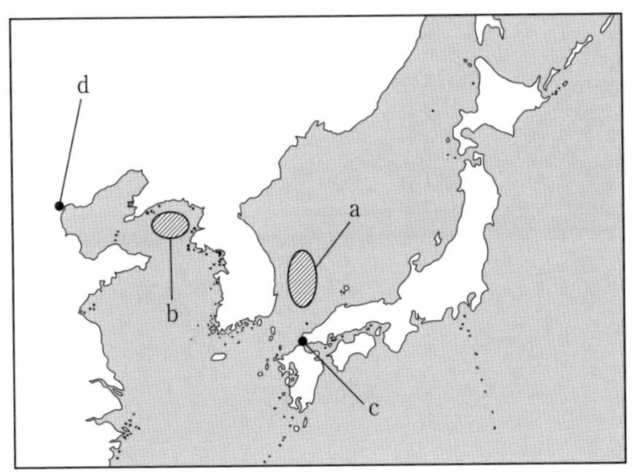

①　Ⅰ―ａ　Ⅱ―ｃ　　②　Ⅰ―ａ　Ⅱ―ｄ
③　Ⅰ―ｂ　Ⅱ―ｃ　　④　Ⅰ―ｂ　Ⅱ―ｄ

【B】 日本海軍は、大正三年にはじまった第一次世界大戦で連合国に加わり、一部は南洋からオーストラリア、米国、アフリカ、地中海にいたり、前後二ヵ年にわたって海上警備に当たった。

日本の海軍が遠くヨーロッパからアフリカにわたって長期間活動したことは、世界に日本人の厳正、勇敢な行動に対する認識、信頼の念を与えたものだ。

わたし自身はこのときは第一水雷戦隊司令官として（ ア ）攻略戦に従軍した。（ ア ）攻略戦は、はじめて飛行機が出動した戦争で、日本海軍は外国製七機と国内製五機をもっているだけだった。(中略)

昭和三年六月四日、（ イ ）が蔣介石に敗れて、いよいよ満州へ引き揚げるとき、とうとう爆死事件が突発したんだ。（ イ ）は北京から奉天へ特別列車で引き揚げる途中、奉天城外の満鉄交差点にさしかかると、線路にしかけてあった爆弾のため非業の最期を遂げた。(中略)

（ ウ ）というのは、大正十年のワシントン会議では取り決めにならなかった補助艦艇の制限比率を相談しようというものだった。さきのワシントン海軍軍縮条約では、日本の主力艦はイギリスやアメリカに対して五・五・三の比率となったんだが、日本は不平はあったにしても、当時の全権だった（ エ ）さんの非常な努力で、国内もさしたることもなくまとまった。(中略) 相談のやりなおしをしたうえ、（ ウ ）の開催がきまり、昭和四年十月七日、イギリス外相の名で日米仏伊の四ヵ国に招請状が発せられたわけだ。(中略)

斎藤内閣が総辞職したのは七月四日で、西園寺さんは、同日お召しによって興津から上京して、参内された。(中略) 西園寺公は各重臣の意見をそれぞれ聞いてから、わたしを後継者と決められたのではなく、まずわたしという候補者を重臣たちに示されて、（ オ ）を援助するよう要望されたということだった。(中略)

開戦前に非常に力のつよい政治家がいて、軍を押えつけようとしたら、軍は天皇の廃立さえ考えたかもしれない。そうなったら国はまっ二つになる。今敗れながらも一つにまとまった国であるのは、せめてものことだ。

ただ鈴木や米内たちの努力で終戦を見たときは、国土は見るかげもなくこわされていたのを嘆息するのみだ。老衰の身はむなしくかえらぬことをかこっている。

今の日本をどう思うか、というのか。それはよそう。わたしは陛下のお人柄のような(f)平和で清い国柄になることを念じている。

問6 空欄（ ア ）にあてはまる、ドイツが租借した場所として正しいものを、次の①～④のうちから一つ選べ。 42

① 威海衛　② 九龍半島　③ 膠州湾　④ 広州湾

問7 空欄（ イ ）にあてはまる人物の名前を、漢字3字で記せ。 50

問８　空欄（　ウ　）・（　エ　）にあてはまる語句の組み合わせとして正しいものを、次の①～④のうちから一つ選べ。 43

①　**ウ**―ロンドン（海軍軍縮）会議　　**エ**―小村寿太郎
②　**ウ**―ロンドン（海軍軍縮）会議　　**エ**―加藤友三郎
③　**ウ**―ジュネーヴ（海軍軍縮）会議　**エ**―小村寿太郎
④　**ウ**―ジュネーヴ（海軍軍縮）会議　**エ**―加藤友三郎

問９　空欄（　オ　）にあてはまる、この回顧録の著者の名前として正しいものを、次の①～④のうちから一つ選べ。 44

①　林銑十郎　　②　岡田啓介　　③　近衛文麿　　④　広田弘毅

問10　下線部(f)の「平和」に関わる第二次世界大戦後の国内の動きについて述べた文として正しいものを、次の①～④のうちから一つ選べ。 45

①　1947年５月３日に、主権在民・基本的人権の尊重とともに、平和主義を３原則とする日本国憲法が施行された。
②　1960年代には、第五福龍丸がビキニ環礁で被爆したことによって平和運動が高まり、長崎で第１回原水爆禁止世界大会が開催された。
③　1970年代に安保改定が進められるなかで、アメリカの世界戦略に組み込まれる危険性が高まるとして、安保改定阻止国民会議が組織された。
④　1980年代に、アメリカ軍によっておこなわれた北爆を機にベトナム戦争が激化すると、日本国内で反戦運動が展開され、ベ平連が組織された。

歴史能力検定 第42回（2023年）
2級—日本史 解答・解説

1—②	2—④	3—④	4—③	5—③
6—④	7—③	8—①	9—③	10—①
11—④	12—②	13—③	14—①	15—③
16—②	17—③	18—①	19—②	20—④
21—②	22—①	23—②・③	24—②	25—④
26—①	27—①	28—③	29—②	30—①
31—②	32—③	33—③	34—③	35—②
36—①	37—④	38—②	39—②	40—③
41—③	42—③	43—②	44—②	45—①

46—高松塚古墳　47—成功　48—小石川養生所

49—佐久間象山　50—張作霖

1

1．②が長野県の和田峠。①は北海道の白滝、③は東京都の神津島、④は大分県の姫島で、いずれも黒曜石の産地。

2．Ⅰ『漢書』地理志の紀元前1世紀の記事。Ⅲ『後漢書』東夷伝の57年の記事。Ⅱ「魏志」倭人伝の239年の記事。

3．④追葬が可能なのは竪穴式石室ではなく横穴式石室。

4．①冠位十二階では、徳・仁・礼・信・義・智の6種がそれぞれ大小にわけられて12階とされた。真人は八色の姓で最上位とされた姓。②大海人皇子は飛鳥浄御原宮で天武天皇として即位した。④7世紀後半に鋳造されたのは富本銭。和同開珎は8世紀の708年に鋳造された。

46．設問に用いたのは白鳳文化期の絵画である高松塚古墳壁画。

5．①旻は遣隋使に同行した学問僧、②小野妹子は遣隋使、④粟田真人は702年に派遣された遣唐使。

6．八省は①中務省・式部省・治部省・民部省・兵部省・刑部省・②大蔵省・③宮内省の各省。④外務省は明治政府のもと、1869年、版籍奉還後に設けられた。

7．①興福寺仏頭は白鳳文化期、②神護寺両界曼荼羅は弘仁・貞観文化期、④法隆寺玉虫厨子は飛鳥文化期の文化財。

8．②三世一身法は、元正天皇の時代の723年に出された。③醍醐天皇の時代の902年に出された延喜の荘園整理令が最初の荘園整理令。④勘解由使は、桓武天皇の時代の797年頃に設置された。

9．①水干は庶民男性の実用服。②直垂は武士の服装。④小袿は女性の衣服である袿を小形に仕立てたもの。

2

10．②円勝寺は鳥羽天皇の皇后である待賢門院、③尊勝寺は堀河天皇、④最勝寺は鳥羽天皇によって建てられた。

11．①白河上皇の時代に北面の武士、後鳥羽上皇の時代に西面の武士が設けられた。②長講堂領は後白河上皇が持仏堂の長講堂に寄進した荘園群。③崇徳上皇は保元の乱で敗れた後に讃岐に流された。

47．平安時代中期以降には、売位・売官の風潮が広まり、私財を出して朝廷の儀式や寺社造営などを請け負い、その見返りとして官職や位階を受ける成功、任期満了後も成功によって同じ官職に再任してもらう重任が多くみられた。

12．Ⅲ「当時の将軍が、鶴岡八幡宮で、甥にあたる人物によって殺害された」のは13世紀。将軍は鎌倉幕府の3代将軍源実朝。Ⅱ「強圧的な政治をおこなっていた将軍が、有力守護の赤松満祐によって殺害された」のは15世紀。将軍は室町幕府の6代将軍足利義教。Ⅰ「将軍権威の復興をめざしたことで知られる将軍が、松永久秀に襲われて討死した」のは16世紀。将軍は室町幕府の13代将軍足利義輝。

13．③「サイモクノコト」とあるように、この荘園の年貢は材木であった。①「チトウ」とあるように、地頭を訴えるものであるため「守護」は誤り。②引用した史料は1275年の紀伊国阿氐河荘民の訴状であるため「14世紀」は誤り。④史料は高野山文書からの引用。『玉葉』は鎌倉時代初期の公卿である九条兼実の日記。

14．②吉田兼倶は室町時代に唯一神道を創始した。③卜部兼方は鎌倉時代に『釈日本紀』を著した神道家。④竹内式部は江戸時代に宝暦事件などで処罰された神道家。

15. ①『小右記』は藤原実資、②『中右記』は藤原宗忠、④『御堂関白記』は藤原道長の日記。

16. 後鳥羽上皇が承久の乱後に配流されたのは②の隠岐。①は佐渡、③は対馬、④は壱岐。

17. ③寿福寺は、京都五山ではなく鎌倉五山の第三位。

18. ②大和の今井や④河内の富田林は寺内町。③坂本は延暦寺の門前町。

19. ①太閤検地では1段＝360歩が1段＝300歩へと変更された。③京都の方広寺が正しい。増上寺は江戸の寺院。④刀狩令は1588年に出された。文禄の役は1592〜93年。

20. Ⅰ「五百石以上ノ船停止ノ事」の条文を含む武家諸法度は1635年に徳川家光によって出された寛永令。Ⅲ諸宗寺院法度は1665年に出された。Ⅱ『御触書寛保集成』は、享保の改革の一環として編纂され、1744年に完成した。

21. ②目付は若年寄支配。①道中奉行は老中支配。③寺社奉行と④大老は将軍直属。

22. 江戸時代初期、諸藩では有力武士に領地を与え、その領民支配を認める①地方知行制をとる場合が多かったが、年貢を蔵米として支給する③俸禄制度がとられるようになった。②商場知行制や④場所請負制度は松前藩でとられた。

23. ②赤穂事件は、赤穂藩士ではなく赤穂浪士がおこした。③赤穂事件は1702年に発生した。公事方御定書は1742年に完成した。

24. ①吉田光由は『塵劫記』を著した。『発微算法』は関孝和の著書。③本阿弥光悦は寛永文化期に活躍した。その代表作は「舟橋蒔絵硯箱」。「八橋蒔絵螺鈿硯箱」は尾形光琳の作品。④俵屋宗達は寛永文化期に活躍した。その代表作は『風神雷神図屏風』。『紅白梅図屏風』は尾形光琳の作品。

25. ④正徳の政治の一環として、閑院宮家が創設された。

48. 小石川養生所は、享保の改革時に設けられた。

26. ①中江藤樹は17世紀に活躍した陽明学者。

27. 間宮林蔵が島であることを発見したのは①の樺太。②は択捉島、③は国後島、④は利尻島。

4

49. 佐久間象山は、信濃の松代藩士で幕末の開国論者。

28. ③はペリーと江戸幕府との間で1854年に締結された日米和親条約の一部で、最恵国待遇の規定。①は1917年に締結された石井・ランシング協定の一部。②④は1858年に締結された日米修好通商条約の一部で、それぞれ協定関税制、領事裁判権についての規定。

29. ①石川達三は日中戦争時の兵士の実態を『生きてゐる兵隊』で描写し、同書は発禁処分を受けた。③小林多喜二はプロレタリア文学の代表作『蟹工船』の著者。④津田左右吉は歴史学者。1940年、著書の『神代史の研究』などが発禁処分とされた。

30. Ⅰ「五箇条の誓文が公布された」のは1868年。Ⅱ「大久保利通が新設された内務省の長官となった」のは1873年。Ⅲ「西郷隆盛を首領とする士族反乱」である西南戦争が発生したのは1877年。

31. ①坂本龍馬は土佐藩の郷士出身。③勝海舟と④榎本武揚は幕臣。

32. ①鎮台から師団に改められた。②加藤高明内閣の陸軍大臣宇垣一成は、1920年代に宇垣軍縮と呼ばれる軍縮に取り組んだ。④第2次山県有朋内閣時に制定されたのは治安警察法。

33. ①白鳥庫吉は東洋史学者。②田口卯吉は史学者・経済学者。④柳田国男は民俗学者。

34. ①ベルリン大学のグナイストに学んだ。フランス人ボアソナードは民法などを起草した。②元老院ではなく枢密院が正しい。④立憲同志会ではなく立憲政友会が正しい。

35. ①『坊っちゃん』は夏目漱石、③『破戒』は島崎藤村、④『みだれ髪』は与謝野晶子の作品。

36. 内相品川弥二郎は第二議会解散後、選挙干渉を主導した。第六議会は1894年に開催された。品川弥二郎らは1892年に国民協会を結成した。立憲民政党は1927年に結成された。

5

37. ④『国民之友』を創刊したのは徳富蘇峰。幸徳秋水・堺利彦らは、平民社をおこし『平民新聞』で非戦論・反戦論を唱えた。

38. ①片山東熊は「旧東宮御所（迎賓館赤坂離宮）」を設計した建築家。③荻原守衛と④高村光雲は彫刻家。

39. ②横山源之助の著書は『日本之下層社会』。

40. Ⅱは1875年の樺太・千島交換条約、Ⅰは1891年の大津事件の説明。Ⅲの第4次日露協約は1916年に締結された。

41. Ⅰ日本海軍はbの海域でおこなわれた黄海海戦で北洋艦隊を撃破した。aの海域では日露戦争時に日本海海戦が展開された。Ⅱ講和条約はcの下関で締結された。dは天津。

42. ①威海衛と②九龍半島はイギリス、④広州湾はフランスが租借した。

50. 昭和三（1928）年に、張作霖爆殺事件がおこった。

43.「昭和四年」に招請状が出された翌1930年、ロンドン（海軍軍縮）会議が開催された。ジュネーヴ（海軍軍縮）会議は1927年に開催された。ワシントン会議の全権は加藤友三郎ら。小村寿太郎はポーツマス条約の全権。

44. 斎藤内閣が総辞職した後に内閣を組織したのは岡田啓介。

45. ②第五福龍丸事件は1954年におこった。第1回原水爆禁止世界大会が開催されたのは長崎ではなく広島。③1970年代ではなく1950年代末から1960年代について述べたもの。④1960年代の説明。

【写真所蔵・提供】

国（文部科学省所管）　画像提供：奈良文化財研究所（1－問5）

2023年11月

歴史能力検定 第42回

1級―世界史

――受験上の注意点――

1．試験監督者の試験開始の指示があるまで、問題用紙は開かないでください。
2．試験開始前に、解答用紙に必要事項を記入し、誤りがないか確認してください。
3．問題文は14ページまでありますので、落丁がないか、最初に確認してください。
4．解答用紙の受験番号欄には、必ず受験番号（10桁）をマークしてください。
※受験番号が正しくマークされていない場合は採点されません。
5．問題文には、各冒頭部分に問番号（**問１、問２**……）がついていますが、これとは別に、文末部分に四角で囲った番号がそれぞれついています（[1]、[2]、[3]……）。この四角で囲った番号に対応する解答欄に、解答をマークしてください。
なお、問番号と、四角で囲った番号とは、必ずしも一致しませんので、ご注意ください。
6．問題は[1]～[20]が正解肢を選ぶ問題、[21]～[30]が記述問題となっています。
なお、記述問題の[21]～[30]は、正解肢を選ぶ問題の[1]～[20]の間に、割り込むように配置されています。必ずしも通し番号順に問題が並んでいませんので、ご注意ください。
7．[1]～[20]の正解肢を選ぶ問題には、正解肢が必ず１つあります。正解肢のない問題も、２つ以上正解肢のある問題もありません。正解と考える肢１つを選択し、該当番号をマークしてください。
マークの仕方や消し方が悪いと採点されませんので、次の事項に十分注意してください。
イ．記入はHB以上の鉛筆またはシャープペンシルを使用し、はっきりとわかるようにすること（サインペン・万年筆・ボールペンは不可）
ロ．訂正は消しゴムで跡が残らないように完全に消すこと
ハ．所定の場所以外に文字等を記入しないこと
ニ．解答用紙を折り曲げたり汚したりしないこと
8．[21]～[30]の記述・論述問題の解答は、解答欄右側の「記述・論述（１級）」に書いてください。
9．記述問題で人名・事件名などを答える場合は、教科書や新聞などで一般的に使用されている名前を使用してください。
10．試験時間中は、出題問題についての質問は受け付けません。
11．試験時間は50分です。
12．試験時間中に、トイレを使用する等でやむをえず席を立つ場合には、試験監督者の許可を受けた上で、隣の人の迷惑にならないよう静かに移動してください。
13．試験時間中の喫煙・飲食等を禁止します。
14．試験終了の合図があり次第、筆記用具をおき、試験監督者の合図があるまでは席を立たないでください。なお、質問、トイレのための退席等、理由の如何を問わず、試験時間は延長しません。
15．不正行為をした場合、答案は無効となります。

問題文の国名・人名・事件名などの表記は高等学校の教科書による。

歴史能力検定協会

世界人口の推移に関する次の文章を読み、あとの問いに答えなさい。

現在まで、原人などさまざまな人類が出現したが、(a)新人と一部、混血したともされるネアンデルタール人を含め、新人以外はすべて絶滅してしまった。新人も約７万年前のインドネシアのトバ火山の大噴火、トバ＝カタストロフィによって引きおこされた寒冷化で１万人以下に減少し、絶滅寸前に追い込まれた時期もあった。その危機を乗りこえた新人は、徐々に増加し、農耕が始まった１万年前には、全世界で500万人になったと推定されている。紀元前後に地中海一帯を支配した(b)ローマ帝国や東アジアに君臨した漢帝国では、それぞれ約4000万人以上の人びとが暮らしていたと推定されている。しかし、**グラフ１**からわかるように、人類の人口の増加率はさほど高くなかった。これは、食糧不足による飢餓や(c)14世紀にヨーロッパで猛威を振るったペストなどの感染症、医療の未発達による乳幼児の死亡率の高さなどが、人口増加をおさえたと考えられる。

グラフ１　世界人口の推移（推計値）

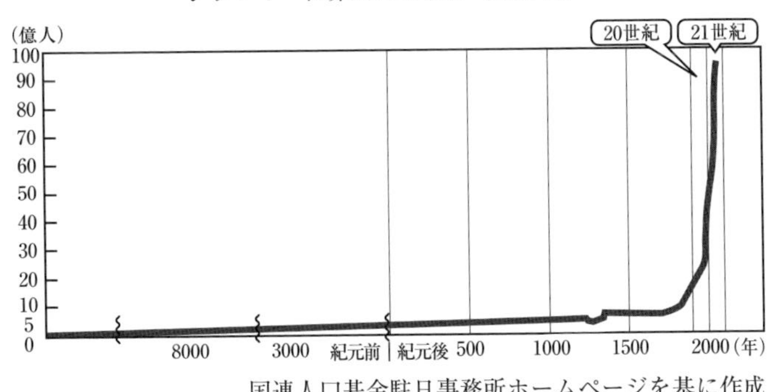

国連人口基金駐日事務所ホームページを基に作成

ところが、18世紀以降、世界人口は急激に増加し始める。この原因は明確ではないが、イギリスを例に挙げれば、洗濯しやすい綿織物が普及して庶民の衛生状況が改善したことや、輸送技術の発達で食糧が海外から調達しやすくなったことなどさまざまなことが考えられ、この人口増によってロンドンなどの(d)都市に人びとが集中した。イギリスは多産多死から多産少死へと変化したのである。この状況に危機感を抱いたのは、イギリスの(e)古典派経済学者に分類されるマルサスである。彼はその著書『人口論』で、（　ア　）のに対して、（　イ　）として、食糧不足におちいり、貧困が増えて、飢餓が発生すると警告した。しかし、この状況が続くというマルサスの警告に反し、農業生産は急速に増え、増加する人口を養うだけの食糧をイギリスは確保することができた。さらに増加した労働者によって工業が発展し、イギリスは「世界の工場」として繁栄することに成功した。人口が増加することで、生産年齢人口が増え、経済が成長する「人口ボーナス」と呼ばれる現象がおこったのである。この現象は、その後、ドイツや日本でもおこり、人口増と経済成長が見られた。日本では、明治維新直後の(f)1872年に3480万人だった人口が、1912年には5000万人に増加し、経済も成長した。同時期に世界人口も増え、1900年には16億人と拡大した。さらに(g)世界大戦後も人口の増加は続いた。

2022年現在、世界の人口は約80億人で、今後もアフリカ諸国を中心に増加すると推定されている。しかし、ヨーロッパ諸国や日本などでは、「人口ボーナス」とは反対に、出生率の低下などによって少子高齢化が問題となり、生産年齢人口が減少して経済成長を阻害する「人口オーナス（オーナスは負担の意味）」の状態におちいっている。とくに、少子高齢化と人口減少が進む日本が、どのように対応するかは、世界からの注目を集めている。

問１　下線部(a)に関連して、ネアンデルタール人と新人について述べた文として正しいものを、次の①〜④のうちから一つ選べ。　**1**

①　ネアンデルタール人は、ドイツのネアンデル渓谷で発見されたことにちなむ名前で、更新世期の約180万年前に出現し、死者の埋葬などをおこなった。

②　ネアンデルタール人は、周口店上洞人と同じくホモ＝エレクトゥスに属し、火や言語を使用していた。

③　新人は、スペインのカンタブリア州にあるアルタミラやフランスのヌーヴェル＝アキテーヌ地域圏にあるラスコーに洞穴絵画を残した。

④　新人は、完新世には、表面が研磨された石斧や石包丁などの磨製石器を使用し、イラクのイェリコなどでは農耕を始めた。

問２　下線部(b)に関連して、歴代のローマ皇帝を即位した年の古い順に正しく配列したものを、次の①〜④のうちから一つ選べ。　**2**

①　ティベリウス帝→ネロ帝→ウェスパシアヌス帝→アントニヌス＝ピウス帝→セプティミウス＝セウェルス帝

②　ドミティアヌス帝→ネルウァ帝→ハドリアヌス帝→トラヤヌス帝→セプティミウス＝セウェルス帝

③　マルクス＝アウレリウス＝アントニヌス帝→コンモドゥス帝→ウァレリアヌス帝→カラカラ帝→クラウディウス帝

④　カラカラ帝→ディオクレティアヌス帝→ユリアヌス帝→コンスタンティヌス帝→テオドシウス帝

問３　下線部(c)の出来事が、イギリスに与えた社会・経済的変化とその後の影響について、80字以内で説明せよ。　**21**

問４　下線部(d)に関連して、次のグラフは、世界の農村人口と都市人口の変化と今後の予測を示したものである。このグラフについて述べた文として正しいものを、あとの①〜④のうちから一つ選べ。　3

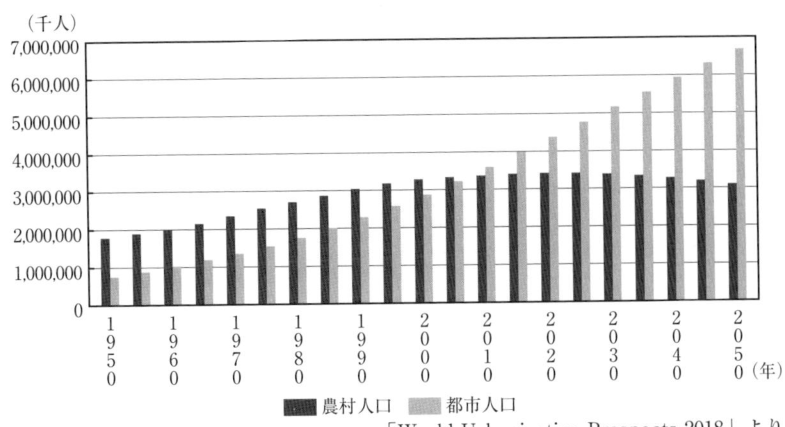

「World Urbanization Prospects 2018」より

①　アジア＝アフリカ会議（バンドン会議）が開催された頃、都市人口は、農村人口のおおよそ８割程度であった。
②　世界貿易機関（ＷＴＯ）が発足した1980年代は、農村人口の増加率の方が、都市人口の増加率より高かった。
③　アメリカ合衆国のオバマ大統領が退任したときは、都市人口が農村人口を上回っていた。
④　持続可能な開発目標（ＳＤＧｓ）を達成することをめざしている2030年以降は、都市から農村へ人口が流出し、都市人口は減少すると予測されている。

問５　下線部(e)に関連して、古典派経済学の祖とされるアダム＝スミスが、1776年に発刊した書物の名称を記せ。　22

問６　空欄（　ア　）・（　イ　）にあてはまる語句の組み合わせとして正しいものを、次の①〜④のうちから一つ選べ。　4

①　ア―人口は、算術級数的に増加する　　イ―食糧は、幾何級数的にしか増加しない
②　ア―人口は、幾何級数的に増加する　　イ―食糧は、算術級数的にしか増加しない
③　ア―食糧は、算術級数的に減少する　　イ―人口は、幾何級数的にしか減少しない
④　ア―食糧は、幾何級数的に減少する　　イ―人口は、算術級数的にしか減少しない

問7　下線部(f)の期間におこった出来事について述べた文として正しいものを、次の①～④のうちから一つ選べ。　5

①　日本は、ロシアと樺太・千島交換条約を締結して樺太北半分をロシア領と定め、ウルップ島以南の千島全島が日本領となった。
②　日本は、大日本帝国憲法を発布した。
③　朝鮮半島で江華島事件が勃発した翌年、日本は朝鮮に出兵し、清朝との戦争に突入した。
④　日本では米騒動がおき、その対応に世論の批判が高まり、寺内正毅内閣は退陣した。

問8　下線部(g)に関連して、イギリス軍、フランス軍、ドイツ軍など合わせて100万人以上が死傷した、第一次世界大戦中の激戦の名称を記せ。なお、この戦いのときイギリス軍は初めて戦場で戦車を使用した。　23

モンゴルに関する次の**史料１・史料２**を読み、あとの問いに答えなさい。（史料は『中央アジア・蒙古旅行記』から引用した。また、史料は一部省略したり、書き改めたりしたところがある。）

【史料１】 ローマ聖庁のご命令をうけてタルタル人（注１）そのほかの東方諸国へ参りました際、わたしどもは、(a)教皇猊下（げいか）と尊き枢機卿の方々との御意志を知りまして、まず、タルタル人のもとへ旅をいたすことに決めました。（中略）
わたしどもが現皇帝（注２）のもとに到着しますと、……天幕一張りと糧食とが与えられました。これはタルタル人が普通に与えるしきたりになっているのですが、われわれには、ほかの使節たちより良い待遇をしてくれました。（中略）

現皇帝は……態度は大変まじめで荘重です。皇帝とつねに接しているキリスト信者たちから聞いたところでは、ちょっとしたことで笑ったり、軽々しい行ないを見せたことは全くないそうです……。……かれらの確信するところでは、皇帝はキリスト信者に回心しかけているそうです。すなわち、皇帝はキリスト教の聖職者たちを養って、キリスト教の信仰に必要なものを支給し、のみならず、皇帝は、その一番主要な天幕の前にはつねに礼拝堂を建てていて……というのであります。

（注１）モンゴル人のこと。　（注２）モンゴルのカン（ハン）のこと。

【史料２】 わたしどもは、わが主の年の1253年５月７日に、普通「大海」と呼ばれるポントゥスの海（注３）に乗り出しました。（中略）

わたしどもより１カ月前に着いた……この修道僧は、(b)イェルサレムの地域の隠修士でしたが、……かれはカン（ハン）に、もしカンがキリスト信者になるならば、全世界はその支配のもとに入り、フランス人と権力ある教皇ともかれに服するにいたるだろうと告げた、と申しました。そしてわたしに、同じことをカンに言うようにすすめました。そこでわたしは、「同信の友よ。わたしは喜んで、カンに、キリスト信者になることをすすめよう。……またわたしはカンに、そうすればフランス人と教皇とはこの上なく喜び、カンを兄弟・友だちとして遇するだろう、と約束しよう。しかし、フランス人と教皇とがカンの臣下となり、ほかのくにぐにに同様、カンに貢納をおさめるにいたるだろう、なんてことは絶対約束しない。……」と答えました。こういうと、修道僧は黙りこんでしまいました。（中略）

わたしは、カンに言いました。「閣下（注４）。わたしどもはサルタクがキリスト信者だと聞きました。これを耳にした……(c)わがフランス国王陛下のお喜びはひとしおでした。それで、わたしどもはサルタクのもとへまいり、……サルタクはわたしどもをその父バトゥのもとへ行かせ、バトゥはさらに、此処、閣下のところまでわたしどもをつかわしました。」
（注３）黒海のこと。　（注４）高位の人に対する敬称。この時はカンに対して用いられている。

史料１は、フランチェスコ会修道士のプラノ＝カルピニの、**史料２**は、同じフランチェスコ会修道士のルブルックの旅行記である。プラノ＝カルピニは、（　**ア**　）に、ルブルックは、プラノ＝カルピニの約８年後に（　**イ**　）に謁見した。両者の残した旅行記は、当時のユーラシア内陸部の世界を知る貴重な書物となっている。

問１　**史料１**・**史料２**から読み取れる内容について述べた文として正しいものを、次の①～④のうちから一つ選べ。　6

①　**史料１**のカン（ハン）は、キリスト教に対して興味を示し、キリスト教の聖職者を保護して礼拝堂も建立した。
②　**史料２**のカン（ハン）は、キリスト教に改宗して、教皇の兄弟・友だちになることをイェルサレムの修道士に確約した。
③　**史料２**のカン（ハン）は、バトゥの父サルタクの要請で使者を受け入れた。
④　**史料１**・**史料２**のカン（ハン）は、キリスト教に対して一切関心をもたなかったが、キリスト教の聖職者が臣下になることは拒否しなかった。

問２　**史料１**・**史料２**が著された世紀におこった次の**Ａ**～**Ｅ**の出来事を年代の古い順に正しく配列したものを、あとの①～④のうちから一つ選べ。　7

Ａ　ドイツで大空位時代が始まった。
Ｂ　インドでハルジー朝が成立した。
Ｃ　日本で承久の乱が勃発した。
Ｄ　テムジンが、クリルタイでチンギス＝カン（ハン）として即位した。
Ｅ　エドワード１世が、模範議会を招集した。

①　**Ｃ→Ｂ→Ａ→Ｄ→Ｅ**
②　**Ｂ→Ｄ→Ｃ→Ａ→Ｅ**
③　**Ｄ→Ｃ→Ａ→Ｂ→Ｅ**
④　**Ｄ→Ａ→Ｂ→Ｅ→Ｃ**

問３　下線部(a)の教皇について述べた文として正しいものを、次の①～④のうちから一つ選べ。　8

①　第１回リヨン公会議を開催した。
②　「教皇は太陽、皇帝は月」という言葉を残した。
③　ハインリヒ５世とヴォルムス協約を締結した。
④　第１回十字軍を提唱した。

問4　下線部(b)に関連して、アイン＝ジャールートの戦いでモンゴル軍を破り、イェルサレムの地域の支配を確固たるものとした王朝の名称を記せ。　24

問5　下線部(c)の王の名前を記せ。　25

問6　空欄（　ア　）・（　イ　）にあてはまる人物の名前の組み合わせとして正しいものを、次の①～④のうちから一つ選べ。　9

① ア―オゴタイ　　イ―モンケ
② ア―オゴタイ　　イ―グユク
③ ア―グユク　　イ―フビライ
④ ア―グユク　　イ―モンケ

問7　次の地図は、ルブルックの経路を示したものである。経路上のa～cの都市名として正しいものを、あとの①～④のうちから一つ選べ。　10

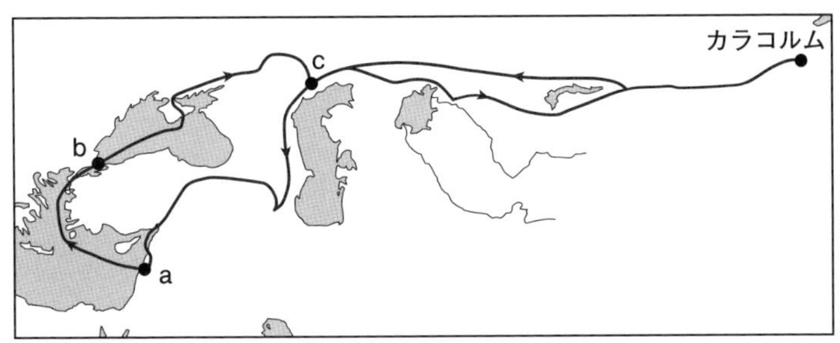

① a―アッコン　　b―コンスタンティノープル　　c―サライ
② a―アンティオキア　　b―ニコメディア　　c―キエフ（キーウ）
③ a―アッコン　　b―コンスタンティノープル　　c―キエフ（キーウ）
④ a―アンティオキア　　b―ニコメディア　　c―サライ

ビール・ワインといった酒や茶・コーヒーなどの嗜好品は、人びとの生活を豊かなものとしてきた。嗜好品に関する次の【A】～【E】の文章を読み、あとの問いに答えなさい。

【A】「液体のパン」ともいわれたビールは、前4000年前頃にはメソポタミアでつくられ、のちにエジプトにも醸造方法が伝わった。(a)新王国時代のパピルス文書にもビールに関する記述が見られ、エジプト人がビールを愛飲していたことがわかる。

【B】ギリシア・ローマなどの地中海世界では、ブドウ栽培が盛んで、ワインの醸造も古代からおこなわれ、(b)ディオニソス（バッコス）がワインの神として崇拝された。中世ヨーロッパでは、ベネディクトゥスが（　ア　）に建てた修道院や教会改革運動の中心となった（　イ　）修道院でもワインが生産された。

【C】ウィスキーは、大麦や小麦、とうもろこしなどで製造する蒸留酒である。15世紀頃にはスコットランドでつくられていたが、(c)1707年にスコットランドとイングランドが合同すると、ウィスキーに重税がかけられ、スコットランドで密造酒が増加した。密造酒が樽などに隠された結果、期せずして長期保存され、現在のような琥珀色の香り豊かなウィスキーが出現することとなった。

【D】茶は、緑茶、ウーロン茶、紅茶などさまざまな種類があるが、これは発酵度の差の違いから来ている。発酵していないのが緑茶で、完全発酵が紅茶、ウーロン茶はその中間である。紅茶を大量に飲用する国となったイギリスは、茶に関わる問題をめぐって、(d)アメリカ13植民地や(e)清朝などで紛争を引きおこした。

【E】コーヒーの原産地は、(f)エチオピアとの説が有力であり、のちのイスラーム世界では、スーフィー（イスラーム神秘主義者）が修行の際の眠気覚ましにコーヒーを飲用していた。現在、コーヒーはおもに(g)コーヒーベルトと呼ばれる地域で栽培されている。

問1　下線部(a)に関連して、次の文A・Bと新王国時代が始まった時期を含めて、これらの出来事を年代の古い順に正しく配列したものを、あとの①〜④のうちから一つ選べ。 11

A　バビロン第1王朝のハンムラビ王が法典を発布した。
B　インド＝ヨーロッパ語系のヒッタイトが、アナトリア高原に国家を建設した。

①　A→B→新王国時代の始まり
②　A→新王国時代の始まり→B
③　B→A→新王国時代の始まり
④　B→新王国時代の始まり→A

問2　下線部(b)に関連して、オリンポス12神について述べた文として正しいものを、次の①〜④のうちから一つ選べ。 12

①　オリンポス12神は、現在の北マケドニア共和国に属するオリンポス山上に住むとされる。
②　オリンポス12神のなかには、主神ゼウス、太陽神アポロン、美の女神アフロディテなどが含まれる。
③　オリンポス12神の神々は、ヤハウェやイエスなどのユダヤ教の神々の誕生に多大な影響を与えた。
④　オリンポス12神のなかのアフラ＝マズダやシヴァは、のちにゾロアスター教の神となった。

問3　空欄（　ア　）・（　イ　）にあてはまる地名と、そのおおよその位置を示す次の地図中のa～cの組み合わせとして正しいものを、あとの①～④のうちから一つ選べ。 13

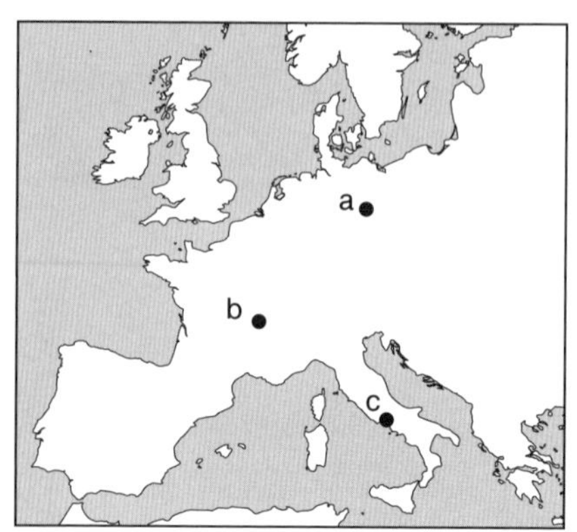

① ア―クリュニー――a　　イ―サン＝ニコラ＝レ＝シトー――b
② ア―サン＝ニコラ＝レ＝シトー――b　　イ―クリュニー――a
③ ア―モンテ＝カシノ――b　　イ―クリュニー――c
④ ア―モンテ＝カシノ――c　　イ―クリュニー――b

問4　下線部(c)の結果成立した国の名称を記せ。 26

問5　下線部(d)に関連して、次の図は、イギリス本国と13植民地の茶をめぐる事件を描いたものである。この事件の結果、やがてアメリカ独立戦争が引きおこされた。図の事件名を明示して、この事件の原因とアメリカ独立戦争へいたる過程を80字以内で説明せよ。 27

問6　下線部(e)に関連して、イギリスは、清朝からの茶の対価に、インドから清朝へアヘンを密輸し、アヘン戦争を引きおこした。アヘン戦争前にアヘンの密輸を取り締まった清朝の欽差大臣の名前を漢字３字で記せ。 28

問7　下線部(f)に関連して、19世紀以降のエチオピアについて述べた次のⅠ・Ⅱの文を読み、正誤の組み合わせとして正しいものを、あとの①～④のうちから一つ選べ。　14

Ⅰ　エチオピア帝国のメネリク２世は、侵攻してきたイタリア軍をアドワの戦いで破り、独立を維持した。

Ⅱ　エチオピアは、エリトリアからの分離・独立を求める内戦が続いたが、1993年にエリトリアからの独立に成功した。

①　Ⅰ―正　Ⅱ―正　　②　Ⅰ―正　Ⅱ―誤
③　Ⅰ―誤　Ⅱ―正　　④　Ⅰ―誤　Ⅱ―誤

問8　下線部(g)に関連して、次の地図は、コーヒーベルトを示している。コーヒーベルトに含まれる地域について述べた文として波線部の**誤っているもの**を、あとの①～④のうちから一つ選べ。　15

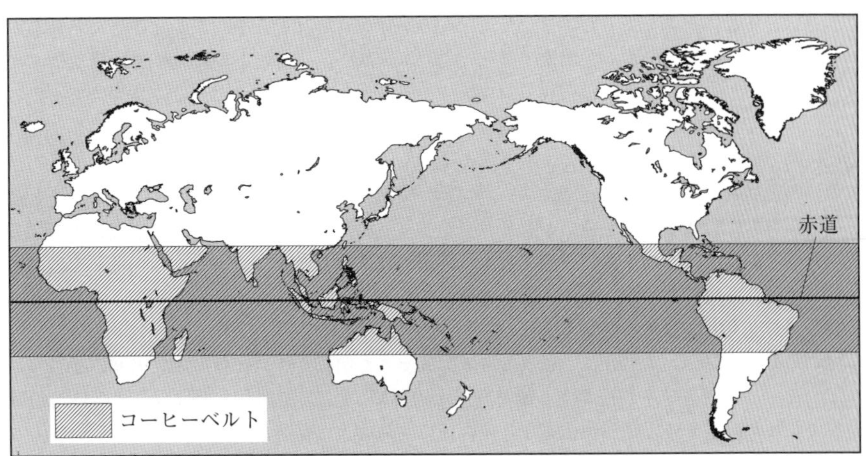

①　インドネシアでは、オランダの支配のもと、ジャワ島やスマトラ島でコーヒーが栽培された。
②　ブラジルでは、皇帝ペドロ１世のもとコーヒー栽培がおこなわれた。
③　東アフリカを植民地としたドイツは、第一次世界大戦後、キリマンジャロ山域でコーヒーを栽培した。
④　フランス領であったベトナムでは、独立後、コーヒー栽培が盛んになり、現在コーヒー豆生産量が世界２位である。

国民国家の形成に関する次の文章を読み、あとの問いに答えなさい。

政治学者(a)ベネディクト＝アンダーソンによれば、18～19世紀以降に形成された「国民国家」は、人工的につくられた「想像の共同体」であるとされる。この「国民国家」の成立過程は、それぞれの国の歴史に大きく関わっていて、国によって状況が異なる。

例えば、フランス王国は、17世紀には、国家の領域が「理想の六角形（エグザゴーヌ）」と呼ばれ、領域内の法的・経済的一元性が実現していた。もちろんこの王国は、身分制社会であり、また、ギルドなどある程度自治権をもった「社団」に分断された社団国家で、「国民国家」とはいえないものであった。それでもこの身分制と「社団」が(b)フランス革命で解体されれば、「自由・平等・友愛」を原則とする「単一で不可分」な国民国家が形成されるはずであった。しかし、フランスでは国民に対するカトリック教会の影響が、かなり強力であった。一旦、革命で力を削がれたカトリック教会であったが、1801年、ナポレオン＝ボナパルトと教皇との間で結ばれた（　ア　）によって、カトリック教会はふたたび準国教の扱いを受け、聖職者の俸給は、フランス国家が支払い、聖職者の叙任権は事実上、ローマ教皇がもつこととなった。さらに、カトリック教会が初等教育を牛耳ったため、カトリック教会を支持する保守的な人びとの間では、フランス「国民意識」の形成はあまり進まなかった。(c)19世紀を通じ、フランスは、王政、共和政、帝政と次々と政治体制が変化するが、同時に共和派とカトリック教会との対立も大きな政治問題であった。

プロイセン＝フランス（普仏）戦争の敗戦で成立した第三共和政では、成立当初に(d)パリ＝コミューンとティエールが指導する臨時政府との間で、「血の週間」と呼ばれる激しい市街戦がおこなわれ、多くの人びとが亡くなり、国民の間に大きな傷跡を残した。共和国政府は、この傷跡を消し去るため、「単一で不可分な国民国家」の形成をめざした。まず、共和国政府は、フランス革命の正統な継承者であるとして、1879年には「ラ＝マルセイエーズ」をフランス国歌とし、1880年には「７月14日」を国民祝祭日に定めた。さらに(e)フランス国民の友愛と連帯を象徴するマリアンヌ像を各地の市町村の役場や学校、広場に設置し、パリ＝コミューンで投獄・流刑となっていた人びとに恩赦を与えて融和を進めた。また、ジュール＝フェリーは、「無償・義務・世俗化」の教育改革を実施して、初等教育からカトリック教会の影響力排除に努めた。

ドレフュス事件を経て、1901年に反カトリックなどを掲げる（　イ　）党が結成された。この政党の活動などにより、1905年、ライシテ（政教分離）に関する政教分離法が制定されて、カトリック教会の政治的な影響力は完全に排除された。ここに「自由・平等・友愛」を原則とする、共和国フランスの「国民国家」という観念が定着していった。

問１　下線部(a)は、1936年、中国の雲南省昆明で生まれた。彼が生まれた年に中国でおこった出来事について述べた文として正しいものを、次の①～④のうちから一つ選べ。　16

①　北京郊外で日本軍と中国軍が衝突する盧溝橋事件がおきた。
②　冀東防共自治政府が日本によって設立された。
③　張学良が、西安で蒋介石を監禁した。
④　柳条湖で南満州鉄道が爆破され、満州事変が勃発した。

問２　下線部(b)について述べた文として正しいものを、次の①～④のうちから一つ選べ。　17

①　国民議会における封建的特権の廃止宣言によって、十分の一税が廃止され、農民の人格的自由も承認された。
②　ラ＝ファイエットが起草した人権宣言は、女性のための権利の宣言ともいわれ、女性の地位向上と男女の法の前の平等を打ち出した。
③　ルイ16世夫妻は、フランスからの逃亡を試みたが、フランス南部のスペイン国境付近にあるヴァレンヌで拘束された。
④　共和派のジロンド派は、８月10日事件で王権を停止したのちにオーストリアに宣戦布告した。

問３　空欄（　ア　）にあてはまる語句を記せ。　29

問４　下線部(c)の時期におこった次のＡ～Ｅの出来事を年代の古い順に正しく配列したものを、あとの①～④のうちから一つ選べ。　18

Ａ　ルイ＝ブランがリュクサンブール委員会の議長となり、アトリエ＝ナショノー（国立作業場）を設置した。
Ｂ　ベルギー王国が成立した。
Ｃ　フランスとオーストリアが、ヴィラフランカの和約を締結した。
Ｄ　第２次エジプト＝トルコ戦争が終結し、エジプトはシリアを放棄した。
Ｅ　フランス初の万国博覧会が、パリで開催された。

①　Ａ→Ｂ→Ｃ→Ｄ→Ｅ
②　Ｂ→Ｃ→Ｄ→Ｅ→Ａ
③　Ｂ→Ｄ→Ａ→Ｅ→Ｃ
④　Ｃ→Ｂ→Ｄ→Ｅ→Ａ

問5　下線部(d)が樹立されてから崩壊するまでの時期について述べた文として正しいものを次の①～④のうちから一つ選べ。　19

① 1868年1月から翌年の5月まで。
② 1868年12月から翌年の5月まで。
③ 1870年7月から翌年の5月まで。
④ 1871年3月から5月まで。

問6　下線部(e)に関連して、次の絵画はマリアンヌを描いたものである。この絵画を描いた人物について述べた文として正しいものを、あとの①～④のうちから一つ選べ。　20

① この人物は、写実主義絵画の画家である。
② この人物は、「キオス島の虐殺」も残した。
③ この人物は、オランダ出身で、後期（ポスト）印象派に属する画家である。
④ この人物は、無政府主義を唱えたプルードンの友人で、「石割り」も描いた。

問7　空欄（　イ　）にあてはまる語句を漢字4字で記せ。　30

歴史能力検定 第42回（2023年）
1級—世界史 解答・解説

1—③	2—①	3—③	4—②	5—②
6—①	7—③	8—①	9—④	10—①
11—①	12—②	13—④	14—②	15—③
16—③	17—①	18—③	19—④	20—②

21—農業人口が激減したため、領主は、荘園での労働力を確保するため、農民の地位待遇向上を行わざるを得ず、やがて身分的に解放された独立自営農民であるヨーマンが出現した。（80字）

22—『諸国民の富』（『国富論』）　23—ソンムの戦い

24—マムルーク朝　25—ルイ９世

26—大ブリテン王国（グレート＝ブリテン王国）

27—茶法に反対した人びとがボストン茶会事件を起こした。これに対しイギリス本国がボストン港を閉鎖すると、植民地側は大陸会議を開き、対立が深まり、武力衝突に至った。（78字）

28—林則徐　29—宗教協約（コンコルダート）

30—急進社会（急進共和）

1

1．①ネアンデルタール人に代表される旧人の出現は、約60万年前。②周口店上洞人は、新人。④イラクにある農耕遺跡はジャルモ。

2．②トラヤヌス帝→ハドリアヌス帝の順。③カラカラ帝→ウァレリアヌス帝の順。クラウディウス帝は、現在のイングランドであるブリタニアを征服した１世紀の皇帝。④コンスタンティヌス帝→ユリアヌス帝の順。

21．ペストの流行で農奴が減少し、農奴の地位が上昇して、ヨーマン（独立自営農民）が出現した。

3．①アジア＝アフリカ会議（バンドン会議）は、1955年。グラフでは、都市人口は農村人口の８割に達していない。②世界貿易機関（ＷＴＯ）の発足は、1995年。④2030年以降も都市人口は減少しないと予測されている。

22．アダム＝スミスは、1776年に『諸国民の富（国富論）』を著し、経済活動の自由放任主義を提唱した。

4．②マルサスは、人口は幾何級数的（２→４→８→16）に増加するが、食糧は算術級数的（２→４→６→８）にしか増加しないと考えた。

5．①1875年にウルップ島以北の千島列島が日本領となった。③江華島事件勃発は1875年。1894年に甲午農民戦争（東学の乱）が勃発して、日清戦争となった。④日本で米騒動がおこったのは、1918年。

23．イギリス軍がはじめて戦車を投入したのは、1916年、西部戦線でのソンムの戦い。

2

6．②**史料２**には、カン（ハン）は、「キリスト教に改宗して、教皇の兄弟・友だちになることを確約した」とは書かれていない。③サルタクの父がバトゥ。④**史料１**・**史料２**からカンは、キリスト教に一切関心をもっていないわけではないと読み取れる。

7．③**Ｄ**は1206年。**Ｃ**は1221年。**Ａ**は1254年もしくは1256年。**Ｂ**は1290年。**Ｅ**は1295年。

8．①プラノ＝カルピニをモンゴルに派遣したのは、インノケンティウス４世。第１回リヨン公会議では、神聖ローマ皇帝フリードリヒ２世の破門が決定した。②は、インノケンティウス３世の言葉。③はカリクストゥス２世。④はウルバヌス２世。

24. アイン＝ジャールートの戦いで、モンゴル軍を撃破したのは、マムルーク朝のバイバルス。

25. **史料2**はルブルックの旅行記であるので、「わがフランス国王陛下」は、ルブルックを派遣したルイ9世とわかる。

9. ①②**ア**．オゴタイはグユクの父で、金を滅ぼし、都カラコルムを建設した。③**イ**．フビライはモンケの弟で、のちに元を建てた。

10. ②**a**アッコンは、十字軍の最後の拠点。アンティオキアは、アッコンより北方にある。アンティオキアの教会は五本山の一つ。**b**ニコメディアは、コンスタンティノープルのやや東よりの小アジアにある都市。ディオクレティアヌス帝が都を置いた。**c**キエフ（キーウ）は、ドニエプル（ドニプロ）川流域の都市でウクライナの都。③**c**サライは、キプチャク＝ハン国の都。

3

11. ①**A**は前18世紀頃のこと。**B**は17世紀頃。ヒッタイトは前16世紀に、**A**のバビロン第1王朝（古バビロニア王国）を滅ぼしている。テーベを都として新王国が始まったのは、前16世紀。

12. ①オリンポス山は、現在のギリシアにある。北マケドニア共和国は、旧ユーゴスラヴィアの一つ。③イエスは、ユダヤ教の神ではない。ユダヤ教は、唯一神ヤハウェを信仰する宗教。④アフラ＝マズダはゾロアスター教の光明神だが、シヴァはヒンドゥー教の破壊神。オリンポス12神から変化したものではない。

13. ④**ア**．イタリア中部の**c**のモンテ＝カシノに、ベネディクトゥスが修道院を建てた。**イ**．フランス中東部の**b**に建てられたクリュニー修道院は、聖職者の妻帯や聖職売買を批判し、教会改革運動の中心となった。のちにこの改革運動の影響で、グレゴリウス7世の叙任権闘争がおきた。①②フランス東部のサン＝ニコラ＝レ＝シトーには、シトー修道会が設立された。シトー修道会は、開墾運動などで活躍した。①②**a**はドイツのヴィッテンベルク。

26. ステュアート朝のアン女王のとき、イングランドとスコットランドが合同し、大ブリテン王国（グレート＝ブリテン王国）が成立した。アン女王が死去し、1714年ハノーヴァー選帝侯が王となり、ハノーヴァー朝が始まると、18世紀中、何度もスコットランドで反乱がおきた。

27. イギリス本国が、1773年に茶法を制定し、イギリス東インド会社が取り扱う茶は免税となった。これにより東インド会社が13植民地で茶を独占的販売する可能性が生まれたため、植民地側が反発してボストン港に停泊中の東インド会社の船から積み荷の茶葉を港に投げ捨てた。これが図にあるボストン茶会事件である。この事件に対してイギリス本国はボストン港を閉鎖し、マサチューセッツの自治権を剝奪した。植民地側は翌年の1774年、フィラデルフィアで植民地側の代表が集まる大陸会議（第1回）を開催してイギリス本国に抗議したが、対立はさらに深まり、1775年にレキシントン・コンコードの戦いとなり、アメリカ独立戦争が始まった。

28. イギリスは、清朝から輸入する茶の代金として、インドから清朝へアヘンを密輸した。これに対して、清朝は欽差大臣の林則徐を広州に派遣して、アヘン密輸を取り締まった。この事件を口実にイギリスは、1840年に清朝との間でアヘン戦争をおこした。

14. **Ⅱ**エリトリアがエチオピアからの独立を求め、1993年に独立を達成した。

15. コーヒーベルトは、地図から分かるように、赤道を中心に北回帰線と南回帰線の間の地域である。③ドイツは第一次世界大戦前に東アフリカでコーヒー栽培を始めた。第一次世界大戦の結果、ドイツは東アフリカを含め、すべての海外植民地を失っている。

4

16. ①盧溝橋事件がおきたのは1937年。②冀東防共自治政府が設立されたのは1935年。④満州事変の勃発は1931年。

17. ②1789年8月26日に国民議会で採択された人権宣言は、ラ＝ファイエットによって起草されたが、女性の権利に関する項目はない。これに反発したオランプ＝ド＝グージュが、1791年に「女性の権利宣言」を発表した。③ルイ16世夫妻が拘束されたヴァレンヌは、フランス北部のベルギーとの国境付近にある。④ジロンド派内閣がオーストリアへの宣戦布告をおこない、戦況が悪化するなか、パリの民衆らがテュイルリー宮殿を襲撃する8月10日事件がおきた。この事件でルイ16世夫妻が捕らえられ、王権が停止された。

29. ナポレオン＝ボナパルトとローマ教皇ピウス7世との間で宗教協約（コンコルダート）が結ばれた。なお、ローマ教皇と国家との間の協約を宗教協約（コンコルダート）といい、中世では、1122年のヴォルムス協約が有名。

18. ③**B**ベルギーは、1830年の七月革命の影響で独立し、翌年立憲王国として承認された。**D**第2次エジプト＝トルコ戦争が終結し、エジプトのムハンマド＝アリーがシリアを放棄したのは、1840年。**A**アトリエ＝ナショノー（国立作業場）は、1848年の二月革命の結果、設置された。**E**フランス初の万博の開催は、1855年。**C**ヴィラフランカの和約の締結は、1859年。

19. ④パリ＝コミューンは、プロイセン＝フランス戦争のヴェルサイユ仮講和に反発して、1871年3月に樹立された。①は戊辰戦争、②は榎本武揚や土方歳三らが樹立した蝦夷島政府（蝦夷共和国）、③はプロイセン＝フランス戦争。

20. ①②マリアンヌが描かれた絵画は、「民衆を導く自由の女神」で、ロマン派の画家ドラクロワの作品。③はゴッホ、④はクールベである。

30. 反カトリックの政党である急進社会党（急進共和派）は、クレマンソーによって結成され、この政党の活動によって1905年に政教分離（ライシテ）法が制定された。

【写真提供】ユニフォトプレス

2023年11月

歴史能力検定 第42回

1級—日本史

——受験上の注意点——

1．試験監督者の試験開始の指示があるまで、問題用紙は開かないでください。
2．試験開始前に、解答用紙に必要事項を記入し、誤りがないか確認してください。
3．問題文は12ページまでありますので、落丁がないか、最初に確認してください。
4．解答用紙の受験番号欄には、必ず受験番号（10桁）をマークしてください。
※受験番号が正しくマークされていない場合は採点されません。
5．問題文には、各冒頭部分に問番号（**問1**、**問2**……）がついていますが、これとは別に、文末部分に四角で囲った番号がそれぞれついています（ 1 、 2 、 3 ……）。この四角で囲った番号に対応する解答欄に、解答をマークしてください。
なお、問番号と、四角で囲った番号とは、必ずしも一致しませんので、ご注意ください。
6．問題は 1 ～ 20 が正解肢を選ぶ問題、 21 ～ 30 が記述問題となっています。
なお、記述問題の 21 ～ 30 は、正解肢を選ぶ問題の 1 ～ 20 の間に、割り込むように配置されています。必ずしも通し番号順に問題が並んでいませんので、ご注意ください。
7． 1 ～ 20 の正解肢を選ぶ問題には、正解肢が必ず1つあります。正解肢のない問題も、2つ以上正解肢のある問題もありません。正解と考える肢1つを選択し、該当番号をマークしてください。
マークの仕方や消し方が悪いと採点されませんので、次の事項に十分注意してください。
イ．記入はHB以上の鉛筆またはシャープペンシルを使用し、はっきりとわかるようにすること（サインペン・万年筆・ボールペンは不可）
ロ．訂正は消しゴムで跡が残らないように完全に消すこと
ハ．所定の場所以外に文字等を記入しないこと
ニ．解答用紙を折り曲げたり汚したりしないこと
8． 21 ～ 30 の記述・論述問題の解答は、解答欄右側の「記述・論述（1級）」に書いてください。
9．記述問題で人名・事件名などを答える場合は、教科書や新聞などで一般的に使用されている名前を使用してください。
10．試験時間中は、出題問題についての質問は受け付けません。
11．試験時間は50分です。
12．試験時間中に、トイレを使用する等でやむをえず席を立つ場合には、試験監督者の許可を受けた上で、隣の人の迷惑にならないよう静かに移動してください。
13．試験時間中の喫煙・飲食等を禁止します。
14．試験終了の合図があり次第、筆記用具をおき、試験監督者の合図があるまでは席を立たないでください。なお、質問、トイレのための退席等、理由の如何を問わず、試験時間は延長しません。
15．不正行為をした場合、答案は無効となります。

問題文の国名・人名・事件名などの表記は高等学校の教科書による。

歴史能力検定協会

蘇我氏に関する次の文章を読み、あとの問いに答えなさい。（引用した史料は、一部書き改めたところがある。）

蘇我氏の出自や拠点については、高市地方（奈良県橿原市曽我町一帯）とする説、葛城地方（奈良県御所市・葛城市一帯）とする説、(a)石川地方（大阪府富田林市東部・南河内郡一帯）とする説、百済からの(b)渡来人とする説などがある。ただし、百済の高官だった木満致と蘇我満智を同一人物と見なすことを根拠とする渡来人説は、今日ではほとんど否定されている。

蘇我氏本宗家のなかで、実在が確認できる最初の人物は、536年に大臣に任命された稲目である。大連の（　ア　）と崇仏論争を展開したことで知られる稲目は、堅塩媛と小姉君を欽明天皇の妃とし、計18名の皇子女の外祖父となった。これら皇子女には、のちの(c)用明天皇・崇峻天皇・推古天皇の３人も含まれており、蘇我氏は大王家との関係を深め、（　イ　）・内蔵・大蔵の三蔵を管理し、屯倉の経営にも関与するなど、その勢力を伸長させていった。

稲目の子である蘇我馬子は、（　ア　）の子の守屋を滅ぼし、その後に擁立した崇峻天皇を暗殺した。臣下による天皇の殺害はこれが史上唯一であり、この事件は蘇我氏を「逆臣」と見なす歴史観につながったと考えられる。しかし、近年では、『日本書紀』には馬子に対する批判的な叙述がなく、群臣が動揺した様子もないことから、崇峻暗殺の背後には群臣層の支持があったと推定されている。

馬子は、新たに即位した推古天皇のもとで、厩戸王（聖徳太子）とともに政治を主導する一方、本格的な伽藍をもつ飛鳥寺を造営した。かつて、推古朝の政治は「聖徳太子」が主導したと理解されてきたが、今日ではその人物像や業績に対し、後世の信仰の観点などから再検討が進められており、推古天皇の主体性や馬子の発言力が評価されている。馬子による仏教受容の姿勢も、(d)古代の倭（日本）における仏教文化の隆盛に、一定の役割を果たした。

馬子の子と孫にあたる蘇我蝦夷・入鹿父子も７世紀前半に権勢をふるい、入鹿は兵を派遣して山背大兄王を滅ぼした。『日本書紀』には、これを入鹿による独断的な行動として記しているが、この事件には多くの皇族や群臣たちが加わっており、そのなかに中大兄皇子らも含まれていた可能性が指摘されている。

645年、蝦夷・入鹿父子は、乙巳の変で滅ぼされた。今日、乙巳の変は、変後に開始される(e)大化改新と区別してとらえるのが一般的とされている。

『日本書紀』の文脈によれば、蘇我氏は専横をきわめ皇位をも簒奪しようとしたために誅殺されたことになっている。しかし、これらの記事には中国・朝鮮半島の文献による修飾が多く見られることから、蝦夷・入鹿父子を討った中大兄皇子や(f)中臣鎌足らを正当化するための『日本書紀』編者による潤色が加えられている可能性が高いとされている。

問1　下線部(a)の石川地方は、のちに清和源氏の拠点の一つとなった。清和源氏に関連して述べた文として**誤っているもの**を、次の①～④のうちから一つ選べ。　1

①　清和源氏の祖とされる源経基は、小野好古とともに、10世紀前半に発生した藤原純友の乱を鎮定した。

②　源満仲は、醍醐天皇の子の源高明が左遷される契機となったことで知られる、10世紀後半の安和の変に関わった。

③　源頼信は、11世紀前半に発生した平忠常の乱を鎮圧し、源氏が東国に進出するきっかけをつくった。

④　源頼義は、11世紀後半に発生し、『陸奥話記』で取り上げられたことで知られる、後三年合戦を制圧した。

問2　下線部(b)に関連して述べた文として正しいものを、次の①～④のうちから一つ選べ。　2

①　縄文時代には、渡来人によってもたらされた水稲農耕が各地でおこなわれるようになるなかで、縄文人の社会は採集経済から生産経済の段階へと移行した。

②　弥生時代には、渡来人がさまざまな技術をもたらすなかで、弥生土器のほかに、土師器や須恵器といった土器が製作されるようになった。

③　古墳時代の渡来人とされる王仁は西文氏、阿知使主は東漢氏、弓月君は秦氏の祖先だとする説話が、「記紀」に伝えられている。

④　飛鳥時代の渡来人とされる鬼室福信は、白村江の戦いの後に百済から渡来し、渟足柵や磐舟柵の設置に関わったと考えられている。

問3　空欄（　ア　）にあてはまる人物の名前を、漢字４字で記せ。　21

問4　下線部(c)の用明天皇・崇峻天皇・推古天皇のいずれかに直接関係する史料の一部として**誤っているもの**を、次の①～④のうちから一つ選べ。　3

①　二十一年夏六月壬辰の朔甲午、近江毛野臣、衆六万を率て、任那に往きて、新羅に破られし南加羅・喙己呑を為復し興建てて、任那に合せむとす。

②　池辺の大宮に天下治しめしし天皇大御身労づき賜ひし時、歳は丙午に次る年、大王天皇と太子とを召して誓願し賜ひ、「我が大御病大平ならむと欲坐が故に、将に寺を造りて薬師の像を作り仕へ奉らむ」と詔したまふ。

③　十二に曰く、国司・国造、百姓に斂ること勿れ。国に二の君非し。民に両の主無し。率土の兆民、王を以て主と為す。所任官司は、皆是れ王の臣なり。何ぞ敢て公とともに百姓に賦め斂らむ。

④　山猪を献ずる者あり。天皇山猪を指して曰く、何れの時にか、此の猪の頸を断るが如く、朕が嫌しとおもふ所の人を断らんと。……すなわち東漢直駒をして天皇を弑さしむ。

問5　空欄（　イ　）にあてはまる語句を、漢字2字で記せ。　22

問6　下線部(d)に関連して述べた次のⅠ～Ⅲの文を読み、年代が古い順に正しく配列したものを、あとの①～④のうちから一つ選べ。　4

Ⅰ　大官大寺が造営され始めるなど、仏教興隆が国家的に推進されるようになった。
Ⅱ　「市聖」と呼ばれた僧らの活動を背景に、念仏の教えが貴族・庶民に広まった。
Ⅲ　仏教に新たな動きがおこり、神護寺両界曼荼羅など、神秘的な芸術が発展した。

①　Ⅰ→Ⅱ→Ⅲ　　②　Ⅲ→Ⅱ→Ⅰ　　③　Ⅱ→Ⅰ→Ⅲ　　④　Ⅰ→Ⅲ→Ⅱ

問7　下線部(e)に関連して、改新の詔の一部である次の史料中の（　ウ　）にあてはまる語句として正しいものを、あとの①～④のうちから一つ選べ。　5

其の一に曰く、昔在の天皇等の立てたまへる子代の民、処々の屯倉、及び、別には臣・連・伴造・国造・村首の所有る部曲の民、処々の田荘を罷めよ。仍りて（　ウ　）を大夫より以上に賜ふこと、各差有らむ。

①　出挙　　②　食封　　③　雇役　　④　賃租

問8　下線部(f)に関連して、中臣鎌足の子孫にあたる、藤原氏について述べた文として**誤っているもの**を、次の①～④のうちから一つ選べ。　6

①　藤原南家の仲麻呂は、淳仁天皇から恵美押勝の名を与えられ、政治を主導した。
②　藤原北家の冬嗣は、幼少の清和天皇を即位させ、外祖父として政治を主導した。
③　藤原式家の種継は、桓武天皇のもとで長岡京の造営にあたったが、殺害された。
④　藤原京家の祖とされる麻呂は、8世紀前半に流行した天然痘によって死去した。

中世の東国に関する次の文章を読み、あとの問いに答えなさい。(引用した史料は、一部書き改めたところがある。)

12世紀後半、(a)源頼朝のもとで鎌倉幕府が成立した。本格的な武家政権が成立したことは、1333年の幕府滅亡後においても、東国の歴史に影響をおよぼし続けたと考えられている。

新田義貞らに(b)鎌倉を攻略され、幕府が滅ぼされた後、(c)建武政権は中央集権的な政治をめざしたが、東北と関東にはそれぞれ広域の統治機関である陸奥将軍府と鎌倉将軍府を設置することを認めざるをえなかった。

(d)南北朝の動乱期の東国には、鎌倉公方を頂点とする鎌倉府が成立した。鎌倉幕府と鎌倉府は、ともに東国を基盤とする政権であったものの、前者が支配領域を拡大させ、全国政権としての性格をもつようになったのに対し、鎌倉府の支配領域は東国に限定されていた。また、鎌倉府は室町幕府と地域を分掌する支配権力でありながら、鎌倉府が成立した最初期を除き、鎌倉府と幕府との間では緊張状態が続いた。

4代将軍足利義持の時代に発生した鎌倉府に関わる事件として、前関東管領上杉禅秀が、鎌倉公方足利持氏に対しておこした上杉禅秀の乱があげられる。禅秀は、一時は持氏を鎌倉から追放したが、幕府は駿河に逃れた持氏に援軍を派遣した。その結果、禅秀は敗れて鎌倉で自害した。

また、6代将軍足利義教の時代の1430年代におこった永享の乱では、関東管領上杉憲実と対立していた鎌倉公方足利持氏が、将軍によって派遣された軍によって、最終的に自害に追い込まれた。

1454年、鎌倉公方足利成氏による、関東管領（　ア　）の殺害を機に発生した享徳の乱は、鎌倉公方の分裂につながった。具体的には、成氏が逃れた下総の古河公方と、幕府によって派遣された足利政知が鎌倉に入れずにとどまった伊豆の堀越公方に分裂した。享徳の乱は、(e)戦国時代の始まりを象徴する応仁の乱よりも前に、すでに関東では戦乱の時代に突入したことを示す事件として注目されている。

なお、堀越公方は、足利政知の死後、（　イ　）があとを継いだが、15世紀末、北条早雲に伊豆を奪われ、（　イ　）は自害した。

問1　下線部(a)に関連して述べた文として正しいものを、次の①～④のうちから一つ選べ。 7

① 源頼朝は、以仁王の令旨にしたがって挙兵し、富士川の戦いで敗れたが、その後の石橋山の戦いで平氏の軍に勝利した。

② 源頼朝は、院と結び、壇の浦の戦いで平氏を滅ぼした後、弟の源範頼・義経らの軍を派遣して源義仲を滅ぼした。

③ 鎌倉幕府では、源頼朝をはじめとする3代の源氏の将軍が続いた後、摂家将軍を経て、後鳥羽上皇の子が将軍に迎えられた。

④ 鎌倉幕府の政治・軍事体制は、一族の血縁的統制のもとに、惣領が一門を率いるといった惣領制にもとづいていた。

問2　下線部(b)に関連して、鎌倉幕府が滅ぼされるまでの政策や出来事について述べた次のⅠ～Ⅲの文を読み、年代が古い順に正しく配列したものを、あとの①～④のうちから一つ選べ。 8

Ⅰ　護良親王や、河内の豪族楠木正成らが、悪党などの反幕勢力を結集して蜂起し、幕府軍と交戦した。

Ⅱ　建長寺を修造する資金を獲得するため、鎌倉幕府によって、元に建長寺船と呼ばれる船が派遣された。

Ⅲ　窮乏する御家人の救済を目的として、「非御家人・凡下の輩の質券売買地の事……売主知行せしむべし」とする法令が出された。

① Ⅰ→Ⅱ→Ⅲ　　② Ⅲ→Ⅱ→Ⅰ　　③ Ⅱ→Ⅰ→Ⅲ　　④ Ⅰ→Ⅲ→Ⅱ

問3　下線部(c)に関連して、建武政権を主導した天皇は、どのような方針を打ち出したか。また、その方針が武士の反発を招いたのはなぜか。史料1の（　ウ　）にあてはまる語句、史料2の条文を含む法、（　エ　）にあてはまる数値と関連づけながら、80字以内で記せ。なお、（　エ　）にあてはまる数値は算用数字で記すこと。 23

史料1

口遊　去年八月二条河原落書云々　元年歟

此比都ニハヤル物　　　夜討強盗謀（　ウ　）

史料2

一　御下文を帯すと雖も知行せしめず、年序を経る所領の事

右、当知行の後、（　エ　）年を過ぎば、大将家の例に任せて理非を論ぜず改替に能はず。

問4　下線部(d)に関連して、南北朝の動乱期の社会・文化について述べた文として**誤っているもの**を、次の①～④のうちから一つ選べ。　9

①　守護が軍事上、大きな役割を担うようになるなかで、守護請が盛んにおこなわれた。
②　紀伊国阿氐河荘民の訴状が提出されるなど、各地で地頭が訴えられるようになった。
③　茶寄合が各地でおこなわれ、茶の異同を飲みわけて、かけ物を争う闘茶が流行した。
④　能楽が多くの人びとを集めて上演される一方、広く連歌も流行した。

問5　空欄（　ア　）にあてはまる人物の名前を、漢字４字で記せ。　24

問6　下線部(e)に関連して、戦国時代の戦乱・事件として正しいものを、次の①～④のうちから一つ選べ。　10

①　観応の擾乱　　②　天文法華の乱　　③　応永の外寇　　④　播磨の土一揆

問7　空欄（　イ　）にあてはまる人物の名前を、漢字３字で記せ。　25

「鎖国」体制や四口、通信使に関する次の文章を読み、あとの問いに答えなさい。(引用した史料は、一部書き改めたところがある。)

豊臣政権下で整備が進められた(a)石高制や(b)兵農分離制とともに、江戸幕府の３代将軍(c)徳川家光の時代に確立したとされる「鎖国」制は、幕藩体制を特徴づけるシステムとして理解されてきた。「鎖国」の語と対比して、幕末に「開国」が実現したと見なすことも多かったが、今日では、(d)オランダ・中国との長崎口、琉球王国との薩摩口、蝦夷地との松前口、朝鮮との対馬口といった四口が、「鎖国」体制にあっても異国・異域との窓口として機能していたと理解されている。

このうち、「対馬口」に関わる使節として、1607年から1811年までの12回、朝鮮から通信使が派遣された。ただし、1607年から1624年にかけての最初の３回は、朝鮮側では（　ア　）とされた。

４回目以降、信を通じる修好の使節といった意味をもつ通信使は、将軍襲職の祝賀をおもな目的として来日した。朝鮮通信使一行は、楽隊・医者・通訳・画家など約300人から500人で構成され、おおよそ４～５ヵ月かけて、漢城から釜山までの陸路、釜山から大坂・京都までの船路、(e)京都から陸路をたどり、江戸におもむいた。

通信使は江戸城内で歓待を受け、諸大名らが列座するなかを進み、将軍の目前で国書の交換をおこなったとされる。使節の来日は、日朝双方の儒者が交流するなど、活発な文化交流の場にもなった。

６代・７代将軍のもとで幕政を主導した新井白石は、朝鮮通信使の待遇を簡素化するとともに、それまで朝鮮から将軍にあてた国書に「日本国大君」と記されていたものを、「日本国王」に改めさせた。白石と同じ木下順庵の門下に学び、対馬藩の宗氏のもとで対朝鮮外交に関わっていた儒者（　イ　）は、この措置に反対した。

その後、(f)新井白石によってとられた朝鮮通信使への待遇や「日本国王」と国書に記させる措置は、伝統を重んじる観点から、享保の改革を推進した８代将軍徳川吉宗によって、もとにもどされた。

問１　下線部(a)に関連して、石高制の確立に直接関わる史料の一部として正しいものを、次の①～④のうちから一つ選べ。　11

①　自然、相届かざる覚悟の輩之在るに於ては、城主にて候ハヽ、其もの城へ追入れ、各相談じ、一人も残し置かず、なでぎりニ申し付くべく候。

②　在方より当地え出居候者、故郷え立帰度存じ候得共、路用金調難く候か、立帰候ても夫食、農具代など差支候ものは、町役人差添願出づべく候。

③　名主、百姓、田畑持候大積り、名主弐拾石以上、百姓は拾石以上、それより内ニ持候者は石高猥りに分ケ申間敷旨御公儀様より仰せ渡され候間、自今以後其旨堅く相守り申すべき旨仰せ付けられ畏奉り候。

④　身上能き百姓は田地を買い取り、弥宜く成り、身躰成らざる者は田畠沽却せしめ、猶々身上成るべからざるの間、向後田畠売買停止為るべき事。

問２　下線部(b)に関連して、兵農分離に関わる政策について年代が古い順に正しく配列したものを、次の①～④のうちから一つ選べ。　12

①　刀狩令の発令→人掃令の発令→太閤検地の開始

②　刀狩令の発令→太閤検地の開始→人掃令の発令

③　太閤検地の開始→刀狩令の発令→人掃令の発令

④　太閤検地の開始→人掃令の発令→刀狩令の発令

問３　下線部(c)に関連して、次の史料１～３は徳川家光の時代の寛永10年、寛永12年、寛永16年に出された法令の一部である（年代順に並んでいるわけではない）。これらを参考に、1630年代に進められた「鎖国」政策の推移について、史料３の（　ウ　）にあてはまる語句を使用し、寛永15年に鎮圧された農民らの一揆と関連づけながら、80字以内で記せ。　26

史料１

自今以後、かれうた渡海の儀、之を停止せられ訖。

史料２

異国江日本の船遣すの儀、堅く停止の事。……異国江渡り住宅仕り之有る日本人来り候ハヾ、死罪申し付くべき事。

史料３

異国え（　ウ　）の外、舟遣すの儀、堅く停止の事。

問4　下線部(d)に関して述べた次のⅠ～Ⅲの文を読み、年代が古い順に正しく配列したものを、あとの①～④のうちから一つ選べ。　13

Ⅰ　オランダ船のだ捕をねらってイギリス軍艦が長崎湾に侵入する事件がおこり、長崎奉行松平康英が自害した。

Ⅱ　正史が編まれるなど、自立意識が醸成されていた琉球王国から、明和年間に将軍就任を祝う慶賀使が派遣された。

Ⅲ　松前藩と対立したアイヌ集団が蜂起したが、松前藩は津軽藩の協力を得て勝利し、アイヌは全面的に松前藩に服従させられるようになった。

①　Ⅰ→Ⅱ→Ⅲ　　②　Ⅲ→Ⅱ→Ⅰ　　③　Ⅱ→Ⅰ→Ⅲ　　④　Ⅰ→Ⅲ→Ⅱ

問5　空欄（　ア　）にあてはまる語句を、漢字６字で記せ。　27

問6　下線部(e)に関連して、江戸幕府のもとで進められた交通の整備について述べた文として**誤っているもの**を、次の①～④のうちから一つ選べ。　14

①　江戸の日本橋を起点とする幹線道路である、東海道・中山道・甲州道中・奥州道中・日光道中は、幕府の直轄下に置かれた。

②　17世紀半ばに創設され、五街道を管理するようになった道中奉行は、大目付・勘定奉行が兼任した。

③　箱根・新居に関所が設けられ、幕府が重視した東海道には、ほかのどの街道よりも多くの宿駅が設けられた。

④　宿駅には問屋場、本陣、旅籠屋などが設けられ、東海道には、ほかのどの街道よりも多くの人馬が常備された。

問7　空欄（　イ　）にあてはまる人物の名前を、漢字４字で記せ。　28

問8　下線部(f)に関連して、新井白石・徳川吉宗と、それぞれのもとで実施された政策の組み合わせとして**誤っているもの**を、次の①～④のうちから一つ選べ。　15

①　新井白石 ―― 閑院宮家の創設　　②　新井白石 ―― 禁裏御料の加増

③　徳川吉宗 ―― 御用取次の設置　　④　徳川吉宗 ―― 日光社参の実施

次の史料を読み、あとの問いに答えなさい。(引用した史料は、一部省略・書き改めたところがある。)

五、(a)吾等ノ条件ハ左ノ如シ

吾等ハ右条件ヨリ離脱スルコトナカルヘシ。右ニ代ル条件存在セス。吾等ハ遅延ヲ認ムルヲ得ス

六、吾等ハ無責任ナル(b)軍国主義カ世界ヨリ駆逐セラルルニ至ル迄ハ、平和、安全及正義ノ新秩序カ生シ得サルコトヲ主張スルモノナルヲ以テ、日本国国民ヲ欺瞞シ之ヲシテ世界征服ノ挙ニ出ツルノ過誤ヲ犯サシメタル者ノ権力及勢力ハ、永久ニ除去セラレサルヘカラス

七、右ノ如キ新秩序カ建設セラレ、且日本国ノ戦争遂行能力カ破砕セラレタルコトノ確証アルニ至ルマテハ、連合国ノ指定スヘキ日本国領域内ノ諸地点ハ、吾等ノ茲ニ指定スル基本的目的ノ達成ヲ確保スルタメ占領セラルヘシ

八、「(ア)」宣言ノ条項ハ履行セラルヘク、又日本国ノ主権ハ本州、(c)北海道、九州及四国並ニ吾等ノ決定スル諸小島ニ局限セラルヘシ

九、(d)日本国軍隊ハ完全ニ武装ヲ解除セラレタル後、各自ノ家庭ニ復帰シ平和的且生産的ノ生活ヲ営ムノ機会ヲ得シメラルヘシ

十、吾等ハ日本人ヲ民族トシテ奴隷化セントシ、又ハ国民トシテ滅亡セシメントスルノ意図ヲ有スルモノニ非サルモ、吾等ノ俘虜ヲ虐待セル者ヲ含ム一切ノ戦争犯罪人ニ対シテハ、厳重ナル処罰ヲ加ヘラルヘシ。日本国政府ハ日本国国民ノ間ニ於ケル民主主義的傾向ノ復活強化ニ対スル一切ノ障礙ヲ除去スヘシ。(e)言論、宗教及思想ノ自由並ニ基本的人権ノ尊重ハ確立セラルヘシ

十一、日本国ハ其ノ経済ヲ支持シ且公正ナル実物賠償ノ取立ヲ可能ナラシムルカ如キ産業ヲ維持スルコトヲ許サルヘシ。但シ日本国ヲシテ戦争ノ為再軍備ヲ為スコトヲ得シムルカ如キ産業ハ此ノ限ニ在ラス。右目的ノ為原料ノ入手(其ノ支配トハ之ヲ区別ス)ヲ許可サルヘシ。(f)日本国ハ将来世界貿易関係ヘノ参加ヲ許サルヘシ

(『日本外交年表竝主要文書』)

問1　下線部(a)に関連して、「吾等」に含まれる国と日本との関係について述べた次のⅠ～Ⅲの文を読み、年代が古い順に正しく配列したものを、あとの①～④のうちから一つ選べ。 16

Ⅰ　対中関係の改善がはかられるなか、日中関税協定が結ばれ、日本は条件つきで中国に関税自主権を認めた。

Ⅱ　中国における日本の「特殊権益」をアメリカが認め、日本は中国における門戸開放などの原則を受け入れるといった内容の協定が、日米間で締結された。

Ⅲ　金輸出再禁止の措置をとった日本が、円安を利用して輸出を拡大すると、イギリスはソーシャル＝ダンピングであるとして日本を非難した。

①　Ⅰ→Ⅱ→Ⅲ　　②　Ⅲ→Ⅱ→Ⅰ　　③　Ⅱ→Ⅰ→Ⅲ　　④　Ⅰ→Ⅲ→Ⅱ

問2　下線部(b)に関連して述べた文として**誤っているもの**を、次の①～④のうちから一つ選べ。 17

①　昭和時代初期には、軍国主義の風潮が進むなか、陸軍部内では、天皇親政を実現しようとする皇道派と、合法的に総力戦体制をつくろうとする統制派が対立した。

②　第１次近衛文磨内閣時に、軍国主義を鼓吹し、節約・貯蓄など国民の戦争協力をうながすため、国民精神総動員運動が展開された。

③　第二次世界大戦後、神道指令が出され、戦時期の軍国主義・天皇崇拝の思想的基盤となった国家神道が解体された。

④　第二次世界大戦後に教育基本法が制定され、同法にもとづいて、軍国主義的な教員を追放する教職追放が実行された。

問3　空欄（　ア　）にあてはまる語句を、カタカナで記せ。 29

問4　下線部(c)に関連して、近現代の北海道や九州に関わる出来事について述べた文として正しいものを、次の①～④のうちから一つ選べ。 18

①　明治時代には、北海道の開拓事業を担っていた北海道庁が廃された後、函館・札幌・根室の３県がおかれた。

②　大正時代には、アイヌの伝統的な風俗・習慣・信仰などが失われるなかで、北海道旧土人保護法が制定された。

③　明治時代の九州地方では、熊本県の不平士族が秋月の乱を、福岡県の不平士族が敬神党（神風連）の乱をおこした。

④　高度経済成長期の九州地方では、エネルギー革命を背景に、三井鉱山三池炭鉱での大量解雇に反対する三池争議が展開された。

問5　下線部(d)に関連して、日中戦争期の日本兵の生態を写実的に描き、発売禁止となった『生きてゐる兵隊』の作者の名前を、漢字４字で記せ。　30

問6　下線部(e)に関連して述べた文として**誤っているもの**を、次の①～④のうちから一つ選べ。　19

①　1870年代には、言論活動が活発化するなかで出版が盛んになり、森有礼・福沢諭吉・西周・加藤弘之・西村茂樹らが明六社を組織して『明六雑誌』を発行した。

②　1880年代末に発布された大日本帝国憲法では、法律の範囲内で、言論のほか、出版・集会・結社の自由が認められた。

③　昭和時代には、戦時体制の強化と並行して言論・思想・学問の統制が強化され、日中戦争に批判的であった東大教授矢内原忠雄が辞職させられた。

④　第二次世界大戦後、言論の自由など、市民的自由の保障が進められるなかで、天皇や占領軍に対する批判も容認された。

問7　下線部(f)に関連して、1960年代前半にとられた、開放経済体制への移行に関わる措置として**誤っているもの**を、次の①～④のうちから一つ選べ。　20

①　ＩＢＲＤへの加盟　　②　ＯＥＣＤへの加盟

③　ＧＡＴＴ11条国への移行　　④　ＩＭＦ８条国への移行

歴史能力検定 第42回（2023年）
1級―日本史 解答・解説

1―④	2―③	3―①	4―④	5―②
6―②	7―④	8―②	9―②	10―②
11―①	12―③	13―②	14―③	15―②
16―③	17―④	18―④	19―④	20―①

21―物部尾輿　22―斎蔵

23―後醍醐天皇は土地所有権の確認に綸旨を必要とする方針を打ち出した。御成敗式目にも規定された、土地の支配が20年以上続けば所有権は変更されないとする慣習が無視された。(80字)

24―上杉憲忠　25―茶々丸（茶茶丸）

26―寛永10年に奉書船以外の日本船の海外渡航を、寛永12年に日本人の海外渡航と在外日本人の帰国を禁止した。島原の乱の鎮圧を経て、寛永16年にポルトガル船の来航を禁止した。(80字)

27―回答兼刷還使　28―雨森芳洲　29―カイロ　30―石川達三

1

1．④『陸奥話記』で取り上げられているのは、前九年合戦（1051～62年）。

2．①採集経済から生産経済の段階へと移行したのは縄文時代ではなく弥生時代。②土師器や須恵器といった土器が製作されるようになったのは古墳時代。④渟足柵や磐舟柵の設置は640年代で、663年の白村江の戦いよりも前。鬼室福信は百済滅亡後、倭に救援を求めた百済の王族。

21．蘇我稲目と崇仏論争を展開したことや、「守屋」の父にあたることで知られる大連は、物部尾輿。

3．①6世紀前半、継体天皇の時代の磐井の乱（527～28年）に関する史料。用明天皇・崇峻天皇・推古天皇は、いずれも6世紀後半に即位した。②法隆寺の創建についての史料（「法隆寺金堂薬師如来像光背銘」の一部）。「池辺の大宮に天下治しめしし天皇」は用明天皇。③推古天皇の時代の憲法十七条、④崇峻天皇の暗殺に関わる記事（①③④の出典はいずれも『日本書紀』）。

22．三蔵は、斎蔵・内蔵・大蔵。

4．Ⅰ「大官大寺が造営」され始めたのは白鳳文化期。Ⅲ「神護寺両界曼荼羅」など、神秘的な密教芸術が発展したのは弘仁・貞観文化期。Ⅱ「市聖」と呼ばれた空也らにより、浄土教が広まったのは国風文化期。

5．②一定数の戸を国家が指定し、その戸からの租税の大部分を封主に与える制度が食封。改新の詔に見える食封は、令制の食封（封戸）の原型と見られている。①出挙は、春に種籾を貸し、秋に利息とともに返納させる貸与。公私の別があり、前者を公出挙、後者を私出挙といった。公出挙の利息は5割（のち、3割に軽減）で、地方国衙の財源となった。③雇役は、都城の造営といった諸事業を推進するにあたり、報酬や食料などを支給して人夫を労役に従事させること。④賃租とは、土地の賃貸借のこと。賃租による経営は、初期荘園や、口分田などの残りである乗田などでおこなわれた。

6．②「幼少の清和天皇を即位させ、外祖父として政治を主導した」のは、藤原冬嗣ではなく藤原良房。

2

7．①1180年に挙兵した源頼朝は、石橋山の戦いで敗れた後、富士川の戦いに勝利した。②源頼朝は、院と結び、弟の源範頼・義経らの軍を派遣して、1184年に源義仲を滅ぼした。翌1185年、壇の浦の戦いで平氏を滅ぼした。③源頼朝をはじめとする3代の源氏の将軍が続いた後、摂家将軍を経て、皇族将軍が4代にわたって続いた。6代将軍に就任したのは、後鳥羽上皇の子ではなく、後嵯峨上皇の子である宗尊親王である。

8．Ⅲ「法令」とは、1297年に出された永仁の徳政令。Ⅱ建長寺船が派遣されたのは1325年。Ⅰ護良親王や楠木正成は、1331年の元弘の変の後に蜂起した。

23．「建武政権を主導した天皇は、どのような方針を打ち出したか」、また、「その方針が武士の反発を招いたのはなぜか」を答える問題。「史料１の（ ウ ）にあてはまる語句、史料２の条文を含む法、（ エ ）にあてはまる数値」をふまえることが条件とされている。「建武政権を主導した天皇」は後醍醐天皇である。「史料２の条文を含む法」は御成敗式目。（ ウ ）には綸旨、（ エ ）には「20」があてはまる（原文では「廿ヶ」年）。「方針」とは土地所有権の確認に綸旨を必要とする方針。「その方針が武士の反発を招いた」のは、土地の支配が20年以上続けば所有権は変更されないとする武家社会の慣習が無視されたためである。本問では、御成敗式目が、源頼朝以来の先例や、道理と呼ばれた武士社会での慣習・道徳にもとづいて制定されたことを念頭においておく必要がある。

9． ②「紀伊国阿氐河荘民」は、南北朝の動乱期にあたる14世紀ではなく、鎌倉時代の1275年に訴状を提出した。

24．上杉憲忠は、鎌倉公方足利成氏に殺害された。これを契機に発生した戦乱は享徳の乱と呼ばれる。

10．問題文にあるように、一般的に戦国時代の始期は応仁の乱（1467～77年）頃とされている。②天文法華の乱は、戦国時代の1536年におこった。①観応の擾乱（1350～52年）、③応永の外寇（1419年）、④播磨の土一揆（1429年）は、いずれも享徳の乱や応仁の乱が発生する前の事件・戦乱である。

25．茶々丸（足利茶々丸）は、堀越公方足利政知の子。

3

11．①「浅野家文書」からの引用で、石高制の確立につながった、太閤検地に関する史料。②は旧里帰農令、③は分地制限令、④は田畑永代売買の禁止令。

12．③「太閤検地の開始」は1582年、「刀狩令の発令」は1588年、「人掃令の発令」は1591年と1592年。

26．「1630年代に進められた『鎖国』政策の推移について」説明する問題。「史料３の（ ウ ）にあてはまる語句」を使用し、「寛永15年に鎮圧された農民らの一揆」と関連づけることが条件とされている。徳川家光の時代の寛永10年、寛永12年、寛永16年に出された法令の一部である史料１～３を参考にすることも条件とされている。「史料３の（ ウ ）にあてはまる語句」は奉書船、「寛永15年に鎮圧された農民らの一揆」は島原の乱。史料３が奉書船以外の日本船の海外渡航の禁止を内容とする寛永10（1633）年の法令、史料２が日本人の海外渡航と在外日本人の帰国を禁止した寛永12（1635）年の法令である。島原の乱を鎮圧した翌年に出された寛永16（1639）年の法令では、ポルトガル船の来航を禁止した。以上の内容を推移がわかるようにまとめていけばよい。

13．Ⅲ「松前藩と対立したアイヌ集団」が蜂起したのは17世紀。「蜂起」とは1669年のシャクシャインの蜂起。Ⅱ「明和年間」は18世紀後半。「将軍就任を祝う慶賀使」の「将軍」は10代将軍徳川家治。Ⅰ「オランダ船のだ捕をねらってイギリス軍艦が長崎湾に侵入する」フェートン号事件がおこったのは19世紀初頭の1808年。

27．最初の３回の使節は、徳川将軍からの国書への回答と、朝鮮侵略に際して日本軍に拉致・連行された被擄人の刷還を目的とする回答兼刷還使とされた。

14．③東海道の宿駅は品川から大津まで53宿、大津と大坂のあいだに４宿、中山道の宿駅は67であった。

28．宗氏のもとで対朝鮮外交に関わっていた儒者は雨森芳洲。

15．②禁裏御料は、1601年、徳川家康の時代には約１万石であったが、徳川秀忠、徳川綱吉がそれぞれ約１万石を献じて、計約３万石となった（新井白石の時代には、禁裏御料は加増されていない）。

4

16．Ⅱ中国における日本の「特殊権益」をアメリカが認め、日本は中国における門戸開放などの原則を受け入れるといった内容の石井・ランシング協定が日米間で締結されたのは1917年。Ⅰ日中関税協定が結ばれたのは、浜口雄幸内閣時の1930年。Ⅲ金輸出再禁止の措置を日本がとったのは、犬養毅内閣時の1931年。

17．④教職追放は、第二次世界大戦終結直後の1945年10月に実施された。教育基本法が制定されたのは1947年（「教育基本法が制定され、同法にもとづいて、軍国主義的な教員を追放する教職追放が実行された」は誤り）。

29．空欄（ ア ）にあてはまるのは、カイロ。引用した史料はポツダム宣言。ポツダム宣言の第八項に「カイロ宣言の条項は履行されなければならない」と明記されていたため、ポツダム宣言を受諾した日本は、カイロ宣言の内容にも拘束されることになった。

18．①北海道の開拓事業を担っていたのは開拓使。1882年に開拓使が廃止されて函館・札幌・根室の３県が設置され、1886年に３県が廃止されて北海道庁が設けられた（「北海道庁が廃された後、函館・札幌・根室の３県がおかれた」は誤り）。②北海道旧土人保護法が制定されたのは、大正時代ではなく明治時代の1899年。③明治時代の1876年、熊本県の不平士族は敬神党（神風連）の乱、福岡県の不平士族は秋月の乱をおこした。

30．『生きてゐる兵隊』の作者は石川達三。

19．④民主化政策が推進されるなかで、思想・言論の自由は保障されるようになったが、占領軍に対する批判は、プレス＝コード（新聞発行綱領）で禁止され、新聞などの出版物は事前検閲を受けた。

20．①ＩＢＲＤ（国際復興開発銀行、世界銀行）への加盟は1952年。1960年代前半にとられた、開放経済体制への移行に関わる措置ではない。

5級　歴史入門　歴史能力検定

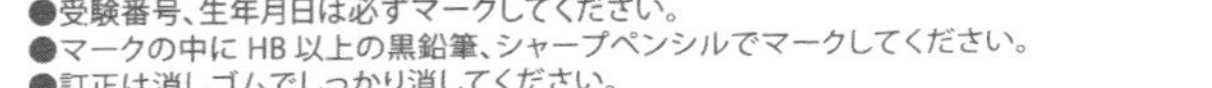

●受験番号、生年月日は必ずマークしてください。
●マークの中に HB 以上の黒鉛筆、シャープペンシルでマークしてください。
●訂正は消しゴムでしっかり消してください。
●生年月日の欄のすべての列を正しく記入し、マークしてください。
例）1975 年 1 月 1 日生まれの方は 19750101 と記入し生年月日の全列をマークしてください。

マーク例	良い例	●	悪い例	◐ ◑ ✓

フリガナ	
氏名	

性別	
男	女
○	○

受験番号									
⓪	⓪	⓪	⓪	⓪	⓪	⓪	⓪	⓪	⓪
①	①	①	①	①	①	①	①	①	①
②	②	②	②	②	②	②	②	②	②
③	③	③	③	③	③	③	③	③	③
④	④	④	④	④	④	④	④	④	④
⑤	⑤	⑤	⑤	⑤	⑤	⑤	⑤	⑤	⑤
⑥	⑥	⑥	⑥	⑥	⑥	⑥	⑥	⑥	⑥
⑦	⑦	⑦	⑦	⑦	⑦	⑦	⑦	⑦	⑦
⑧	⑧	⑧	⑧	⑧	⑧	⑧	⑧	⑧	⑧
⑨	⑨	⑨	⑨	⑨	⑨	⑨	⑨	⑨	⑨

生年月日（西暦）							
年				月		日	
⓪	⓪	⓪	⓪	⓪	⓪	⓪	⓪
①	①	①	①	①	①	①	①
②	②	②	②	②	②	②	②
③	③	③	③	③	③	③	③
④	④	④	④	④	④	④	④
⑤	⑤	⑤	⑤	⑤	⑤	⑤	⑤
⑥	⑥	⑥	⑥	⑥	⑥	⑥	⑥
⑦	⑦	⑦	⑦	⑦	⑦	⑦	⑦
⑧	⑧	⑧	⑧	⑧	⑧	⑧	⑧
⑨	⑨	⑨	⑨	⑨	⑨	⑨	⑨

問題番号	択一回答欄
1	① ② ③
2	① ② ③
3	① ② ③
4	① ② ③
5	① ② ③
6	① ② ③
7	① ② ③
8	① ② ③
9	① ② ③
10	① ② ③
11	① ② ③
12	① ② ③
13	① ② ③
14	① ② ③
15	① ② ③
16	① ② ③
17	① ② ③
18	① ② ③
19	① ② ③
20	① ② ③
21	① ② ③
22	① ② ③
23	① ② ③
24	① ② ③
25	① ② ③

問題番号	択一回答欄
26	① ② ③
27	① ② ③
28	① ② ③
29	① ② ③
30	① ② ③
31	① ② ③
32	① ② ③
33	① ② ③
34	① ② ③
35	① ② ③
36	① ② ③
37	① ② ③
38	① ② ③
39	① ② ③
40	① ② ③

※枠内には何も記入しないでください。

4級　歴史基本　歴史能力検定

●受験番号、生年月日は必ずマークしてください。
●マークの中に HB 以上の黒鉛筆、シャープペンシルでマークしてください。
●訂正は消しゴムでしっかり消してください。
●生年月日の欄のすべての列を正しく記入し、マークしてください。
例）1975 年 1 月 1 日生まれの方は 19750101 と記入し生年月日の全列をマークしてください。

フリガナ	
氏 名	

性　別	
男	女
○	○

マーク例	良い例	●	悪い例	◐ ◑ ✓

受験番号									
⓪	⓪	⓪	⓪	⓪	⓪	⓪	⓪	⓪	⓪
①	①	①	①	①	①	①	①	①	①
②	②	②	②	②	②	②	②	②	②
③	③	③	③	③	③	③	③	③	③
④	④	④	④	④	④	④	④	④	④
⑤	⑤	⑤	⑤	⑤	⑤	⑤	⑤	⑤	⑤
⑥	⑥	⑥	⑥	⑥	⑥	⑥	⑥	⑥	⑥
⑦	⑦	⑦	⑦	⑦	⑦	⑦	⑦	⑦	⑦
⑧	⑧	⑧	⑧	⑧	⑧	⑧	⑧	⑧	⑧
⑨	⑨	⑨	⑨	⑨	⑨	⑨	⑨	⑨	⑨

生年月日（西暦）							
年				月		日	
⓪	⓪	⓪	⓪	⓪	⓪	⓪	⓪
①	①	①	①	①	①	①	①
②	②	②	②	②	②	②	②
③	③	③	③	③	③	③	③
④	④	④	④	④	④	④	④
⑤	⑤	⑤	⑤	⑤	⑤	⑤	⑤
⑥	⑥	⑥	⑥	⑥	⑥	⑥	⑥
⑦	⑦	⑦	⑦	⑦	⑦	⑦	⑦
⑧	⑧	⑧	⑧	⑧	⑧	⑧	⑧
⑨	⑨	⑨	⑨	⑨	⑨	⑨	⑨

問題番号	択一回答欄	問題番号	択一回答欄
1	① ② ③ ④	26	① ② ③ ④
2	① ② ③ ④	27	① ② ③ ④
3	① ② ③ ④	28	① ② ③ ④
4	① ② ③ ④	29	① ② ③ ④
5	① ② ③ ④	30	① ② ③ ④
6	① ② ③ ④	31	① ② ③ ④
7	① ② ③ ④	32	① ② ③ ④
8	① ② ③ ④	33	① ② ③ ④
9	① ② ③ ④	34	① ② ③ ④
10	① ② ③ ④	35	① ② ③ ④
11	① ② ③ ④	36	① ② ③ ④
12	① ② ③ ④	37	① ② ③ ④
13	① ② ③ ④	38	① ② ③ ④
14	① ② ③ ④	39	① ② ③ ④
15	① ② ③ ④	40	① ② ③ ④
16	① ② ③ ④	41	① ② ③ ④
17	① ② ③ ④	42	① ② ③ ④
18	① ② ③ ④	43	① ② ③ ④
19	① ② ③ ④	44	① ② ③ ④
20	① ② ③ ④	45	① ② ③ ④
21	① ② ③ ④	46	① ② ③ ④
22	① ② ③ ④	47	① ② ③ ④
23	① ② ③ ④	48	① ② ③ ④
24	① ② ③ ④	49	① ② ③ ④
25	① ② ③ ④	50	① ② ③ ④

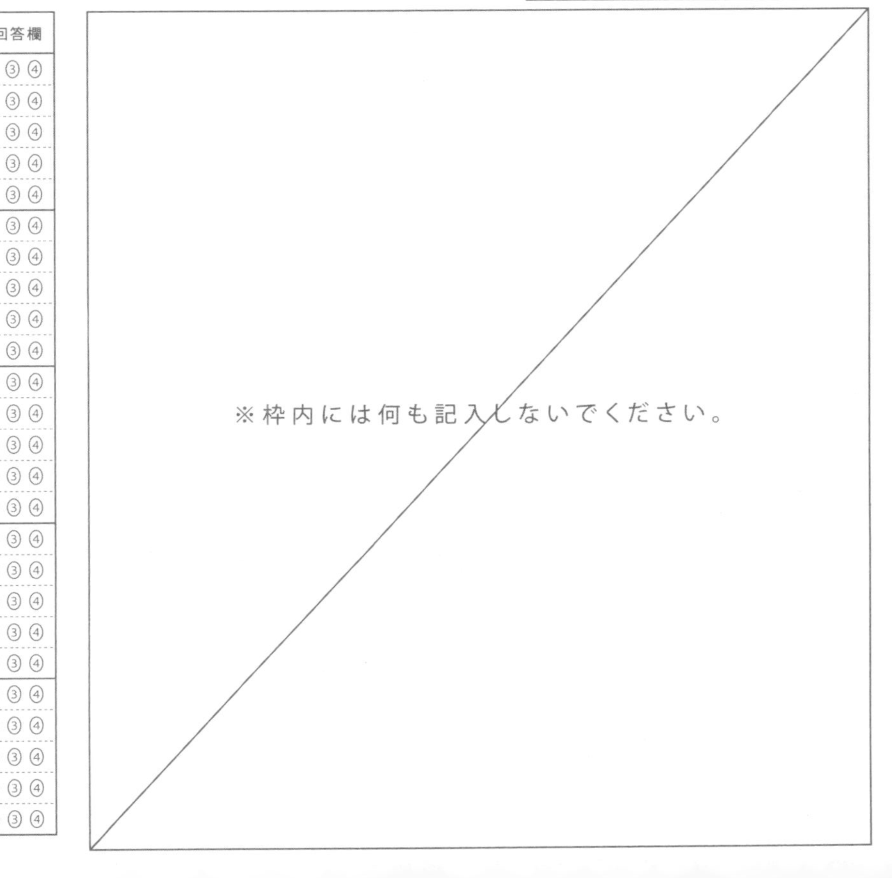

準３級　日本史　歴史能力検定

フリガナ	
氏 名	

性 別	
男	女
○	○

受験番号

⓪	⓪	⓪	⓪	⓪	⓪	⓪	⓪	⓪	⓪
①	①	①	①	①	①	①	①	①	①
②	②	②	②	②	②	②	②	②	②
③	③	③	③	③	③	③	③	③	③
④	④	④	④	④	④	④	④	④	④
⑤	⑤	⑤	⑤	⑤	⑤	⑤	⑤	⑤	⑤
⑥	⑥	⑥	⑥	⑥	⑥	⑥	⑥	⑥	⑥
⑦	⑦	⑦	⑦	⑦	⑦	⑦	⑦	⑦	⑦
⑧	⑧	⑧	⑧	⑧	⑧	⑧	⑧	⑧	⑧
⑨	⑨	⑨	⑨	⑨	⑨	⑨	⑨	⑨	⑨

生年月日（西暦）

年				月		日	
⓪	⓪	⓪	⓪	⓪	⓪	⓪	⓪
①	①	①	①	①	①	①	①
②	②	②	②	②	②	②	②
③	③	③	③	③	③	③	③
④	④	④	④	④	④	④	④
⑤	⑤	⑤	⑤	⑤	⑤	⑤	⑤
⑥	⑥	⑥	⑥	⑥	⑥	⑥	⑥
⑦	⑦	⑦	⑦	⑦	⑦	⑦	⑦
⑧	⑧	⑧	⑧	⑧	⑧	⑧	⑧
⑨	⑨	⑨	⑨	⑨	⑨	⑨	⑨

問題番号	択一回答欄	問題番号	択一回答欄
1	①②③④	26	①②③④
2	①②③④	27	①②③④
3	①②③④	28	①②③④
4	①②③④	29	①②③④
5	①②③④	30	①②③④
6	①②③④	31	①②③④
7	①②③④	32	①②③④
8	①②③④	33	①②③④
9	①②③④	34	①②③④
10	①②③④	35	①②③④
11	①②③④	36	①②③④
12	①②③④	37	①②③④
13	①②③④	38	①②③④
14	①②③④	39	①②③④
15	①②③④	40	①②③④
16	①②③④	41	①②③④
17	①②③④	42	①②③④
18	①②③④	43	①②③④
19	①②③④	44	①②③④
20	①②③④	45	①②③④
21	①②③④	46	①②③④
22	①②③④	47	①②③④
23	①②③④	48	①②③④
24	①②③④	49	①②③④
25	①②③④	50	①②③④

●受験番号、生年月日は必ずマークしてください。
●マークの中に HB 以上の黒鉛筆、シャープペンシルでマークしてください。
●訂正は消しゴムでしっかり消してください。
●生年月日の欄のすべての列を正しく記入し、マークしてください。
例）1975 年 1 月 1 日生まれの方は 19750101 と記入し生年月日の全列をマークしてください。

マーク例

良い例	●	悪い例	◐ ◑ ✓

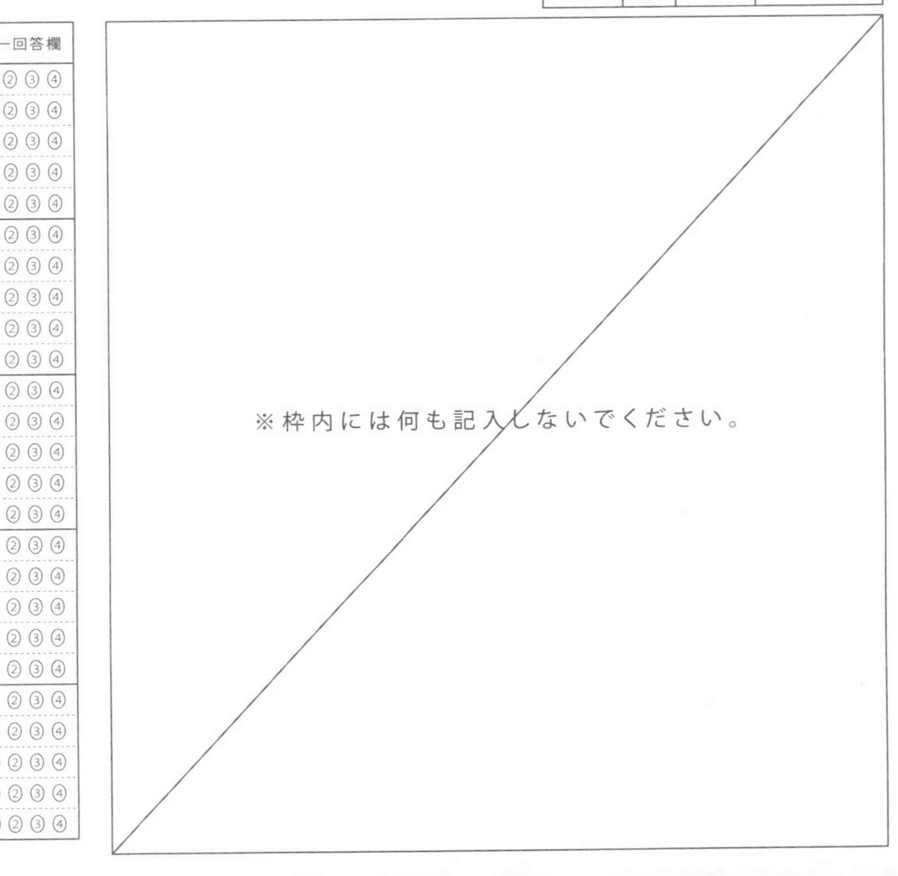

3級　世界史　歴史能力検定

フリガナ	
氏名	

性別	
男	女
○	○

●受験番号、生年月日は必ずマークしてください。
●マークの中に HB 以上の黒鉛筆、シャープペンシルでマークしてください。
●訂正は消しゴムでしっかり消してください。
●生年月日の欄のすべての列を正しく記入し、マークしてください。
例）1975 年 1 月 1 日生まれの方は 19750101 と記入し生年月日の全列をマークしてください。

マーク例	良い例	●	悪い例	◐ ◑ ✓

受験番号									
⓪	⓪	⓪	⓪	⓪	⓪	⓪	⓪	⓪	⓪
①	①	①	①	①	①	①	①	①	①
②	②	②	②	②	②	②	②	②	②
③	③	③	③	③	③	③	③	③	③
④	④	④	④	④	④	④	④	④	④
⑤	⑤	⑤	⑤	⑤	⑤	⑤	⑤	⑤	⑤
⑥	⑥	⑥	⑥	⑥	⑥	⑥	⑥	⑥	⑥
⑦	⑦	⑦	⑦	⑦	⑦	⑦	⑦	⑦	⑦
⑧	⑧	⑧	⑧	⑧	⑧	⑧	⑧	⑧	⑧
⑨	⑨	⑨	⑨	⑨	⑨	⑨	⑨	⑨	⑨

生年月日（西暦）							
年				月		日	
⓪	⓪	⓪	⓪	⓪	⓪	⓪	⓪
①	①	①	①	①	①	①	①
②	②	②	②	②	②	②	②
③	③	③	③	③	③	③	③
④	④	④	④	④	④	④	④
⑤	⑤	⑤	⑤	⑤	⑤	⑤	⑤
⑥	⑥	⑥	⑥	⑥	⑥	⑥	⑥
⑦	⑦	⑦	⑦	⑦	⑦	⑦	⑦
⑧	⑧	⑧	⑧	⑧	⑧	⑧	⑧
⑨	⑨	⑨	⑨	⑨	⑨	⑨	⑨

問題番号	択一回答欄	問題番号	択一回答欄
1	① ② ③ ④	26	① ② ③ ④
2	① ② ③ ④	27	① ② ③ ④
3	① ② ③ ④	28	① ② ③ ④
4	① ② ③ ④	29	① ② ③ ④
5	① ② ③ ④	30	① ② ③ ④
6	① ② ③ ④	31	① ② ③ ④
7	① ② ③ ④	32	① ② ③ ④
8	① ② ③ ④	33	① ② ③ ④
9	① ② ③ ④	34	① ② ③ ④
10	① ② ③ ④	35	① ② ③ ④
11	① ② ③ ④	36	① ② ③ ④
12	① ② ③ ④	37	① ② ③ ④
13	① ② ③ ④	38	① ② ③ ④
14	① ② ③ ④	39	① ② ③ ④
15	① ② ③ ④	40	① ② ③ ④
16	① ② ③ ④	41	① ② ③ ④
17	① ② ③ ④	42	① ② ③ ④
18	① ② ③ ④	43	① ② ③ ④
19	① ② ③ ④	44	① ② ③ ④
20	① ② ③ ④	45	① ② ③ ④
21	① ② ③ ④	46	① ② ③ ④
22	① ② ③ ④	47	① ② ③ ④
23	① ② ③ ④	48	① ② ③ ④
24	① ② ③ ④	49	① ② ③ ④
25	① ② ③ ④	50	① ② ③ ④

※枠内には何も記入しないでください。

3級　日本史　歴史能力検定

●受験番号、生年月日は必ずマークしてください。
●マークの中に HB 以上の黒鉛筆、シャープペンシルでマークしてください。
●訂正は消しゴムでしっかり消してください。
●生年月日の欄のすべての列を正しく記入し、マークしてください。
例) 1975 年 1 月 1 日生まれの方は 19750101 と記入し生年月日の全列をマークしてください。

マーク例	良い例	●	悪い例	◐ ◑ ✓

フリガナ	
氏名	

性別	
男	女
○	○

受験番号									
⓪	⓪	⓪	⓪	⓪	⓪	⓪	⓪	⓪	⓪
①	①	①	①	①	①	①	①	①	①
②	②	②	②	②	②	②	②	②	②
③	③	③	③	③	③	③	③	③	③
④	④	④	④	④	④	④	④	④	④
⑤	⑤	⑤	⑤	⑤	⑤	⑤	⑤	⑤	⑤
⑥	⑥	⑥	⑥	⑥	⑥	⑥	⑥	⑥	⑥
⑦	⑦	⑦	⑦	⑦	⑦	⑦	⑦	⑦	⑦
⑧	⑧	⑧	⑧	⑧	⑧	⑧	⑧	⑧	⑧
⑨	⑨	⑨	⑨	⑨	⑨	⑨	⑨	⑨	⑨

生年月日（西暦）							
年				月		日	
⓪	⓪	⓪	⓪	⓪	⓪	⓪	⓪
①	①	①	①	①	①	①	①
②	②	②	②	②	②	②	②
③	③	③	③	③	③	③	③
④	④	④	④	④	④	④	④
⑤	⑤	⑤	⑤	⑤	⑤	⑤	⑤
⑥	⑥	⑥	⑥	⑥	⑥	⑥	⑥
⑦	⑦	⑦	⑦	⑦	⑦	⑦	⑦
⑧	⑧	⑧	⑧	⑧	⑧	⑧	⑧
⑨	⑨	⑨	⑨	⑨	⑨	⑨	⑨

問題番号	択一回答欄	問題番号	択一回答欄
1	① ② ③ ④	26	① ② ③ ④
2	① ② ③ ④	27	① ② ③ ④
3	① ② ③ ④	28	① ② ③ ④
4	① ② ③ ④	29	① ② ③ ④
5	① ② ③ ④	30	① ② ③ ④
6	① ② ③ ④	31	① ② ③ ④
7	① ② ③ ④	32	① ② ③ ④
8	① ② ③ ④	33	① ② ③ ④
9	① ② ③ ④	34	① ② ③ ④
10	① ② ③ ④	35	① ② ③ ④
11	① ② ③ ④	36	① ② ③ ④
12	① ② ③ ④	37	① ② ③ ④
13	① ② ③ ④	38	① ② ③ ④
14	① ② ③ ④	39	① ② ③ ④
15	① ② ③ ④	40	① ② ③ ④
16	① ② ③ ④	41	① ② ③ ④
17	① ② ③ ④	42	① ② ③ ④
18	① ② ③ ④	43	① ② ③ ④
19	① ② ③ ④	44	① ② ③ ④
20	① ② ③ ④	45	① ② ③ ④
21	① ② ③ ④	46	① ② ③ ④
22	① ② ③ ④	47	① ② ③ ④
23	① ② ③ ④	48	① ② ③ ④
24	① ② ③ ④	49	① ② ③ ④
25	① ② ③ ④	50	① ② ③ ④

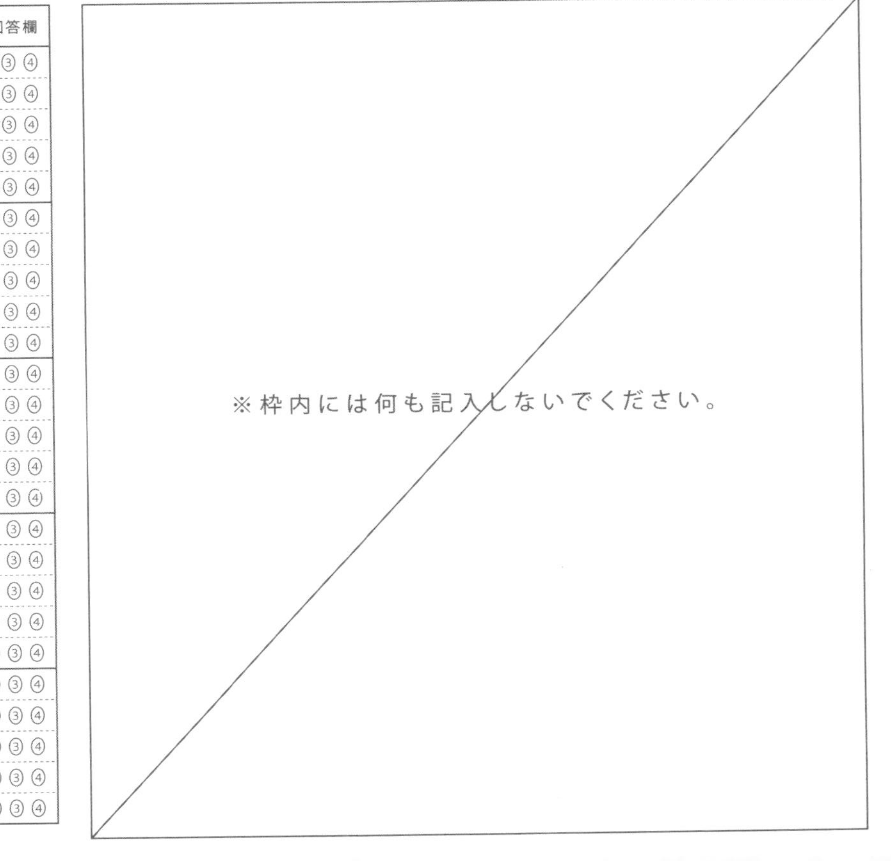

2級　世界史　歴史能力検定

●受験番号、生年月日は必ずマークしてください。
●マークの中に HB 以上の黒鉛筆、シャープペンシルでマークしてください。
●訂正は消しゴムでしっかり消してください。
●生年月日の欄のすべての列を正しく記入し、マークしてください。
例）1975 年 1 月 1 日生まれの方は 19750101 と記入し生年月日の全列をマークしてください。

フリガナ	
氏名	

性別	
男	女
○	○

マーク例	良い例	●	悪い例	◐ ◑ ✓

受験番号									
⓪	⓪	⓪	⓪	⓪	⓪	⓪	⓪	⓪	⓪
①	①	①	①	①	①	①	①	①	①
②	②	②	②	②	②	②	②	②	②
③	③	③	③	③	③	③	③	③	③
④	④	④	④	④	④	④	④	④	④
⑤	⑤	⑤	⑤	⑤	⑤	⑤	⑤	⑤	⑤
⑥	⑥	⑥	⑥	⑥	⑥	⑥	⑥	⑥	⑥
⑦	⑦	⑦	⑦	⑦	⑦	⑦	⑦	⑦	⑦
⑧	⑧	⑧	⑧	⑧	⑧	⑧	⑧	⑧	⑧
⑨	⑨	⑨	⑨	⑨	⑨	⑨	⑨	⑨	⑨

生年月日（西暦）							
年				月		日	
⓪	⓪	⓪	⓪	⓪	⓪	⓪	⓪
①	①	①	①	①	①	①	①
②	②	②	②	②	②	②	②
③	③	③	③	③	③	③	③
④	④	④	④	④	④	④	④
⑤	⑤	⑤	⑤	⑤	⑤	⑤	⑤
⑥	⑥	⑥	⑥	⑥	⑥	⑥	⑥
⑦	⑦	⑦	⑦	⑦	⑦	⑦	⑦
⑧	⑧	⑧	⑧	⑧	⑧	⑧	⑧
⑨	⑨	⑨	⑨	⑨	⑨	⑨	⑨

問題番号	択一回答欄
1	① ② ③ ④
2	① ② ③ ④
3	① ② ③ ④
4	① ② ③ ④
5	① ② ③ ④
6	① ② ③ ④
7	① ② ③ ④
8	① ② ③ ④
9	① ② ③ ④
10	① ② ③ ④
11	① ② ③ ④
12	① ② ③ ④
13	① ② ③ ④
14	① ② ③ ④
15	① ② ③ ④
16	① ② ③ ④
17	① ② ③ ④
18	① ② ③ ④
19	① ② ③ ④
20	① ② ③ ④
21	① ② ③ ④
22	① ② ③ ④
23	① ② ③ ④
24	① ② ③ ④
25	① ② ③ ④

問題番号	択一回答欄
26	① ② ③ ④
27	① ② ③ ④
28	① ② ③ ④
29	① ② ③ ④
30	① ② ③ ④
31	① ② ③ ④
32	① ② ③ ④
33	① ② ③ ④
34	① ② ③ ④
35	① ② ③ ④
36	① ② ③ ④
37	① ② ③ ④
38	① ② ③ ④
39	① ② ③ ④
40	① ② ③ ④
41	① ② ③ ④
42	① ② ③ ④
43	① ② ③ ④
44	① ② ③ ④
45	① ② ③ ④

問題番号	記述
46	
47	
48	
49	
50	

2級　日本史　歴史能力検定

フリガナ	
氏名	

性別	
男	女
○	○

●受験番号、生年月日は必ずマークしてください。
●マークの中に HB 以上の黒鉛筆、シャープペンシルでマークしてください。
●訂正は消しゴムでしっかり消してください。
●生年月日の欄のすべての列を正しく記入し、マークしてください。
例）1975 年 1 月 1 日生まれの方は 19750101 と記入し生年月日の全列をマークしてください。

マーク例

良い例	●	悪い例	◐ ● ✓

受験番号									
⓪	⓪	⓪	⓪	⓪	⓪	⓪	⓪	⓪	⓪
①	①	①	①	①	①	①	①	①	①
②	②	②	②	②	②	②	②	②	②
③	③	③	③	③	③	③	③	③	③
④	④	④	④	④	④	④	④	④	④
⑤	⑤	⑤	⑤	⑤	⑤	⑤	⑤	⑤	⑤
⑥	⑥	⑥	⑥	⑥	⑥	⑥	⑥	⑥	⑥
⑦	⑦	⑦	⑦	⑦	⑦	⑦	⑦	⑦	⑦
⑧	⑧	⑧	⑧	⑧	⑧	⑧	⑧	⑧	⑧
⑨	⑨	⑨	⑨	⑨	⑨	⑨	⑨	⑨	⑨

生年月日（西暦）							
年				月		日	
⓪	⓪	⓪	⓪	⓪	⓪	⓪	⓪
①	①	①	①	①	①	①	①
②	②	②	②	②	②	②	②
③	③	③	③	③	③	③	③
④	④	④	④	④	④	④	④
⑤	⑤	⑤	⑤	⑤	⑤	⑤	⑤
⑥	⑥	⑥	⑥	⑥	⑥	⑥	⑥
⑦	⑦	⑦	⑦	⑦	⑦	⑦	⑦
⑧	⑧	⑧	⑧	⑧	⑧	⑧	⑧
⑨	⑨	⑨	⑨	⑨	⑨	⑨	⑨

問題番号	択一回答欄
1	① ② ③ ④
2	① ② ③ ④
3	① ② ③ ④
4	① ② ③ ④
5	① ② ③ ④
6	① ② ③ ④
7	① ② ③ ④
8	① ② ③ ④
9	① ② ③ ④
10	① ② ③ ④
11	① ② ③ ④
12	① ② ③ ④
13	① ② ③ ④
14	① ② ③ ④
15	① ② ③ ④
16	① ② ③ ④
17	① ② ③ ④
18	① ② ③ ④
19	① ② ③ ④
20	① ② ③ ④
21	① ② ③ ④
22	① ② ③ ④
23	① ② ③ ④
24	① ② ③ ④
25	① ② ③ ④

問題番号	択一回答欄
26	① ② ③ ④
27	① ② ③ ④
28	① ② ③ ④
29	① ② ③ ④
30	① ② ③ ④
31	① ② ③ ④
32	① ② ③ ④
33	① ② ③ ④
34	① ② ③ ④
35	① ② ③ ④
36	① ② ③ ④
37	① ② ③ ④
38	① ② ③ ④
39	① ② ③ ④
40	① ② ③ ④
41	① ② ③ ④
42	① ② ③ ④
43	① ② ③ ④
44	① ② ③ ④
45	① ② ③ ④

問題番号	記述
46	
47	
48	
49	
50